Josy Marty-Dufaut

avec la participation d'Anne-Elisabeth & Erik Groult

LA CUISINE MÉDIÉVALE

DU Vᵉ AU XVᵉ SIÈCLE

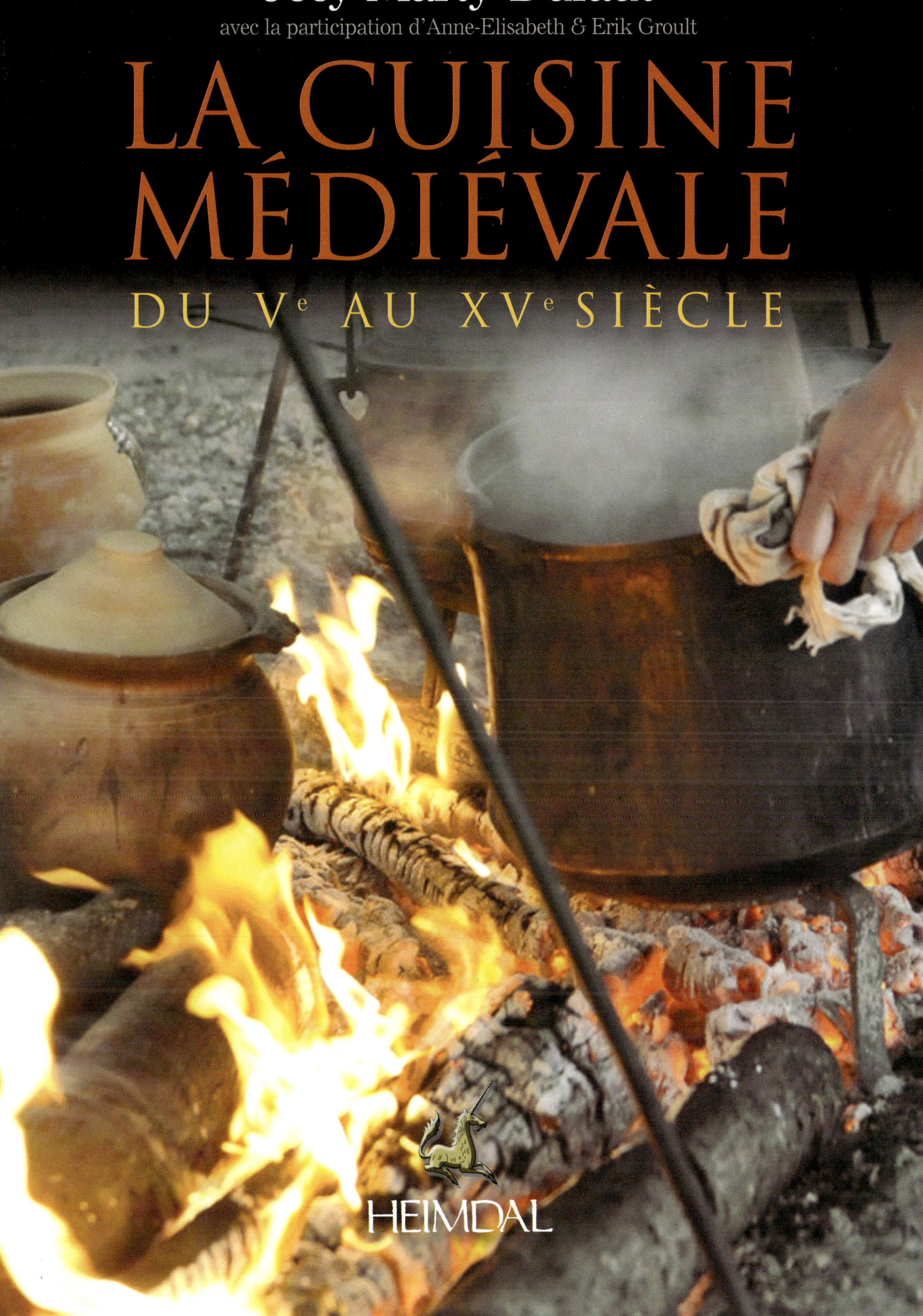

HEIMDAL

Bibliographie

Manuscrito Anonimo (*13th c. Andalusian*), traduction de Charles Perry,
1992, vol. II, ed. David Friedman.

Fadālat al-Khiwān fī tayyibāt, Ibn Razin l-Tuijibi, *Recetas reproducidas de la obra:
Fernando de la Granja Santamaría. La cocina arabigoandaluza según un manuscrito inédito.*
Thèse de doctorat. Madrid, Falucté de Philosophie et de Lettres, 1960
et éditions Muhammad Benchekrou, Beirut, 1984.

La Cocina Hispano-Magrbi en la Epoca Almohade,
édité par Ambosio Huici Miranda, Madrid, 1965.

Études sur la Civilisation de l'Espagne musulmane, Rachel Arie, Brill Archive, 1990.

Al-Andalus, Pierre Richard, Hachette Littératures, 2008.

Horizons magrhébins, Presses Universitaires du Mirail, n°56, 2006.

L'Art culinaire, Apicius, Les Belles-Lettres, 1987.

Libellus de arte coquinaria, Arizona Center for Medieval ans Renaissance studies, 2001.

Les Enseingnemenz, Bulletin philologique et historique, éditions Mulon, Paris, 1916.

Le Tractatus de modo preparandi, Bulletin philologique et historique, éditions Mulon, Paris 1916.

Le Liber de Coquina, Bulletin philologique et historique Vol II, éditions Mulon, Paris 1916.

Libre de Sent Soví, Rudolf Grewe, Editorial Barcino, Barcelona, 1979.

Le Viandier, Taillevent, éditions Manucius, 2001.

Le Mesnagier de Paris, Lettres gothiques, 1994.

Curye on English, The Form of Cury, Constance B. Hieatt, Sharon Butler,
Oxford University Press, 1985.

The Neapolitan recipe collection, Cuoco Napoletano, Terence Scully,
The University of Michigan Press, 2000.

Chiquart's On Cookery, a fiftenneth Century Savoyard Culinary Treatise,
édité et traduit par Terence Scully, Peter Lang Publishing.

Le Régime du corps, Aldebrandin de Sienne,
publié par Louis Landouzy et Roger Pépin, Paris 1911.

A Baghdad Cookery Book (Kitab ab-al-Tabikh), A.J. Arberry, Univesity of California, 2007.

Early French Cookery, E. Scully and T Scully, The University of Michigan Press, 2002.

The Art of cookery, T. Scully, The Boydell Press, 1995.

Le Manuscrit de Sion, Fabian Müllers avec la participation d'Erik Groult,
Moyen Âge Hors-Série n°45, décembre 2015.

Ouvrage conçu et écrit par Josy Marty-Dufaut

Coordination : Damien Bouet

Préparation et photographie (sauf mention contraire) : Anne-Elisabeth Groult & Erik Groult

Conception graphique : Harald Mourreau

EDITIONS HEIMDAL

Damigny BP 61350 14406 Bayeux Cedex
Tél. : 02 31 51 68 68 / Fax : 02 31 51 68 60
editions.heimdal@wanadoo.fr
www.editions-heimdal.fr

ISBN : 978-2-84048-505-6

INTRODUCTION

Le Moyen Âge débute avec la chute de l'Empire romain en l'an 476 et se termine à la fin du XVe siècle. Pendant cette période, la plus longue de l'histoire, de l'évolution politique, économique et sociale de chaque époque, les habitudes alimentaires, les goûts évoluent.

Peu de recueils de recettes nous sont parvenus. D'ailleurs, la plupart des manuscrits disponibles, furent réalisés durant les deux derniers siècles de la période médiévale. C'est à cette période qu'on note un certain aboutissement des réflexions, du savoir-faire, ainsi que des connaissances des cuisiniers des siècles précédents. Les recueils les plus connus, ceux que la postérité a retenus, sont *Le Viandier* de Guillaume Tirel dit *Taillevent*, paru en 1373 et *Le Mesnagier de Paris*, d'un bourgeois anonyme, daté de 1392, ces deux œuvres étant considérées comme les parangons de la cuisine médiévale française. Les recettes qu'ils proposent sont emblématiques : brouets, galimafrees, comminees, cretonnees, porees ainsi que l'incontournable sauce cameline. Ces mets font partie de notre patrimoine culinaire et font la richesse de notre gastronomie.

La cuisine médiévale est riche d'enseignements. Elle nous apprend à redécouvrir des légumes authentiques, naturels, comme la courge, le panais, ces légumes longtemps appelés « légumes oubliés » et qui désormais sont à l'honneur sur nos tables d'aujourd'hui. Nous lui devons la réhabilitation des légumineuses indispensables à notre équilibre alimentaire. Nous avons retrouvé le goût des épices et des herbes aromatiques qui magnifient les plats. Nous sommes animés d'un souci de diététique à l'instar des cuisiniers médiévaux qui pensaient que chaque aliment possède une nature contribuant à l'équilibre ou au déséquilibre de notre corps. Chaque mets est riche de saveurs, de couleurs, de textures variées, il est porteur d'une histoire, d'une légende. La cuisine française est au Moyen Âge la cuisine phare des pays européens, ne l'oublions pas, remettons-la à l'honneur en l'adaptant à nos goûts d'aujourd'hui.

Sources écrites

Les premiers siècles du Moyen Âge livrent peu de renseignements concernant l'alimentation, il faut attendre le XIVe siècle pour assister à une floraison d'œuvres écrites. Ce long intervalle de silence culinaire suscite de nombreuses interrogations. Il semble probable que des auteurs aient rédigé des textes culinaires, le contraire serait étonnant mais nous n'en avons pas connaissance.

Plusieurs hypothèses s'offrent à nous. Certains ouvrages ont pu être détruits, d'autres n'ont pas encore été retrouvés. Les invasions, les guerres, la Révolution française ont contribué à la disparition d'un bon nombre de documents. Les hommes, voulant effacer le passé, ont détruit des œuvres inestimables, les pillant, les brûlant, les déchirant. La notion de patrimoine culturel qu'il faut avant tout protéger est une notion moderne qui n'existe que depuis quelques années et qui n'est pas encore appliquée dans tous les pays. Il est possible aussi que certains textes culinaires n'aient pas encore été découverts, enfouis au milieu de documents non exploités comme des textes relatifs à l'astrologie, à la rhétorique, ou au domaine médical. Chaque jour peut réserver des surprises.

Le modèle méditerranéen et la cuisine des barbares

Les Romains ont fait connaître à la Gaule leurs façons de vivre et de se nourrir qui vont perdurer même après leur départ. Toutefois les Barbares vont y apporter quelques changements.

L'héritage des Romains

Les habitudes alimentaires des Romains suivent le modèle méditerranéen qui se caractérise par l'emploi des légumes, des fruits à la fois frais et secs, la large place donnée aux céréales et aux poissons ainsi que l'usage de l'huile d'olive. La viande surtout rouge n'est pas conseillée.

L'ouvrage du célèbre auteur romain Apicius, le *De Re Coquinaria*, qui proposait des recettes pour l'aristocratie romaine, continue à être suivi dans les milieux gallo-romains, il est même copié pendant tout le Moyen Âge.

La cuisine des Barbares

Les invasions barbares déferlent sur la Gaule chassant les Romains. Un auteur barbare, l'Ostrogoth **Vinidarius**, complète le *De Re Coquinaria* en y ajoutant trente et une recettes réunies sous le titre les *Excerpta*.

Mais la façon de se nourrir de ces peuples est différente de celle des Romains. Ils aiment le gibier, la viande, au détriment des légumes. Les témoignages archéologiques en apportent la preuve. Ce goût pour la viande se retrouvera quelques siècles plus tard dans les recueils culinaires.

Parmi les peuples barbares, les Francs parviennent à s'imposer et fondent la dynastie mérovingienne. Un ouvrage concernant l'alimentation du peuple franc paraît au VIe siècle. Il est dû au fils de Clovis, Thierry Ier, qui propose à son médecin personnel **Anthimus** de rédiger un ouvrage sur la cuisine mérovingienne. Le *De observatione ciborum* est un recueil de recettes à portée médicale. Mais cette œuvre pour autant qu'elle soit intéressante n'est pas représentative de l'alimentation des Mérovingiens car on y relève trop l'influence byzantine.

La cuisine des Carolingiens

En l'an 800, Charlemagne fonde la dynastie carolingienne et le pays connaît la stabilité politique. Les habitants continuent de se nourrir selon le modèle méditerranéen avec les changements apportés par les Barbares. En effet, même si aucun texte culinaire n'a été retrouvé, on peut se faire une idée de l'alimentation des hommes à cette époque au travers des documents rédigés pendant le règne de Charlemagne. L'accent est mis sur les cultures de légumes et de fruits. Le texte intitulé *Le Capitulaire de Villis* donne la liste des plantes potagères et condimentaires que l'empereur désire voir cultivées sur ses terres. Le fameux plan de l'abbaye de Saint-Gall, plan architectural qui devait servir de modèle à la construction de toute abbaye, met en évidence la présence d'un jardin potager et d'un jardin d'herbes condimentaires et médicinales. Mais les Carolingiens comme les Mérovingiens sont eux aussi de gros consommateurs de gibier et de gros mangeurs de viande.

La cuisine du XIe siècle

Bien que l'on n'ait pas encore aujourd'hui mis à jour des ouvrages culinaires relatifs au XIe siècle, on peut se faire une idée de la cuisine à partir d'un document iconographique exceptionnel : la **Tapisserie de Bayeux**.

Cette célèbre broderie de 70 mètres de long sur 50 cm de hauteur raconte en images l'invasion de l'Angleterre par **Guillaume** à la suite du parjure d'Harold, qui avait promis de lui céder le trône. Elle retrace la période de 1064, début de l'invasion de l'Angleterre jusqu'à la célèbre bataille d'Hastings, deux ans plus tard, en 1066, qui voit l'accession au trône d'Angleterre de Guillaume devenu pour la postérité **Guillaume le Conquérant**. La tapisserie est aujourd'hui conservée au musée de Bayeux.

Il est possible de reconstituer le festin donné par Guillaume à ses barons à partir de l'observation de la tapisserie selon le principe qu'il y a continuité dans l'histoire de l'alimentation : les aliments de base sont les mêmes que ceux des siècles passés, les modes de préparation également. On retrouvera ultérieurement les recettes des principaux plats dans tous les manuels culinaires du Moyen Âge avec bien sûr quelques variantes selon les pays.

La cuisine arabe

Il est facile de se faire une idée de l'alimentation des pays arabes pendant cette même époque parce que les livres n'ont pas été perdus. Rédigés par des scribes, des copistes, ils ont été conservés dans les bibliothèques des califes. La cuisine du monde arabo-musulman intègre l'héritage gréco-romain en y ajoutant des ingrédients, des façons de faire originales. La cuisine des cours de Bagdad met l'accent sur les douceurs, les confiseries, les bonbons, les Arabes ayant un goût prononcé pour le sucre alors que les Occidentaux ne connaissent que le miel. Ils ont mis au point la préparation des pâtes alimentaires qui mettront des siècles à entrer dans l'alimentation de la France septentrionale. Cette cuisine qui suit le modèle méditerranéen influencera surtout l'Europe méridionale, l'Italie, l'Espagne, le sud de la France lorsque les Arabes partiront à la conquête de l'Europe.

La cuisine des XIIe et XIIIe siècles

Le XIIe siècle est une période de renouveau, de renaissance intellectuelle. Deux foyers en Europe attirent les savants de l'Occident et de l'Orient. Le premier en Italie du Sud et plus particulièrement en Sicile, le second dans l'Al-Andalus, territoire occupé par les musulmans, aujourd'hui l'actuelle Andalousie. Les érudits du monde entier échangent leur savoir, s'inspirant les uns des autres. Les ouvrages arabes et latins sont traduits dans les langues vernaculaires ce qui facilite la diffusion du savoir.

Les croisades sont également le facteur d'échanges entre l'Europe et l'Orient. Elles commencent à la fin du XIIe siècle et se terminent dans les dernières années du siècle suivant. Les croisés s'intéressent aux produits nouveaux qu'ils découvrent dans les pays traversés et en Terre sainte. Ils les introduisent à leur retour dans leurs pays et importent aussi la façon de vivre raffinée des Arabes.

Les ouvrages culinaires occidentaux étant absents, on ne peut s'appuyer sur aucun texte pour proposer des recettes. Seules les sources arabes existent. Mais comme on relève l'influence de ces recettes sur celles des siècles ultérieurs, qu'on y retrouve ces ingrédients nouveaux, il est possible d'affirmer qu'elles ont un impact sur la cuisine des XIIᵉ et XIIIᵉ siècles. Les changements qui se produisent dans l'univers culinaire sont continus, la cuisine est en perpétuelle évolution. Ces changements sont actés dans les manuscrits des siècles suivants.

Le courant réformateur capétien

On note au début du XIVᵉ siècle un courant réformateur qui fait évoluer le modèle méditerranéen intégrant les éléments de la cuisine barbare vers un autre modèle que l'on appelle le courant capétien. Celui-ci se développe à Paris à la cour des rois capétiens ainsi que dans le royaume de Naples et des Deux-Siciles occupé par les comtes angevins issus de la dynastie capétienne.

Ce courant apparaît dans les cinq ouvrages que nous connaissons actuellement. Les quatre premiers sont écrits vers 1300-1306 : *Le Libellus de arte coquinaria*, *Les Enseingnements*, *Le Tractatus de modo preparandi* et *Le Liber de Coquina* alors que le cinquième le *Manuscrit de Sion* date de 1320.

Ils sont pour la plupart anonymes et se ressemblent étrangement. On peut donc penser qu'ils sont la copie d'ouvrages antérieurs perdus, les auteurs se recopiant les uns les autres, étant donné qu'au Moyen Âge la notion de propriété intellectuelle n'existe pas. De plus, les auteurs n'ont pas jugé nécessaire d'écrire leur nom, le désir d'être connu et reconnu étant étranger à l'époque, contrairement à nos jours.

Ces cinq livres cités offrent un répertoire de recettes appartenant au modèle méditerranéen comme les rissoles, les beignets, l'escavèche et des recettes proprement capétiennes : les brouets déclinés sous toutes leurs formes et l'incontournable sauce cameline. Le modèle capétien se caractérise par une grande consommation de viande au détriment des légumes et des fruits, une recherche de saveurs acides, un moindre goût pour les saveurs sucrées et une utilisation importante d'épices.

Les ouvrages emblématiques

Lorsque le *Viandier* paraît en 1373, il devient aussitôt l'illustration emblématique de la cuisine médiévale. Charles V, voulant affirmer que la France est un grand royaume et occupe une place prépondérante en Europe, confie à son cuisinier la rédaction d'un livre de cuisine qui s'intitulera *Le Viandier*. L'ouvrage n'est plus anonyme et porte la signature d'un homme célèbre à la cour de France, celle du cuisinier du roi, **Guillaume Tirel** dit *Taillevent*.

Toutefois, en 1953, on s'aperçoit que cet ouvrage n'est que la copie du *Manuscrit de Sion* ! Cela ne change rien au prestige du *Viandier* qui reste le livre de cuisine de référence, si bien qu'on le considère toujours comme l'emblème de la cuisine médiévale française. Cette cuisine est celle de la France septentrionale et de l'Europe du Nord et de l'Est. La France du Sud, l'Espagne, l'Italie restent davantage marquées par le modèle méditerranéen même si les recettes capétiennes figurent dans les ouvrages culinaires. Ajoutons l'Angleterre, qui elle aussi suit l'influence méditerranéenne.

Quelques années plus tard, en 1392, le *Viandier* est à son tour copié par un auteur appartenant à la bourgeoisie mais il est enrichi de nombreuses recettes, complétant celles du *Viandier*, les réactualisant. Cette œuvre appelée *Le Mesnagier de Paris* est d'une grande importance dans notre histoire culinaire comme témoignage de l'alimentation de la bourgeoisie à la fin du XIVᵉ siècle. Un troisième ouvrage *Le Fait de Cuisine*, rédigé en 1420, par le cuisinier des ducs de Bourgogne, **Maître Chiquart**, est dans la lignée des deux précédents mais il se veut à usage professionnel, si bien que les recettes y gagnent en précision.

Avec l'invention de l'imprimerie, la transmission du savoir qui se faisait uniquement à partir de manuscrits va s'accélérer. *Le Viandier* de Taillevent est le premier livre imprimé en France à partir de 1530. Il est largement diffusé ce qui fait qu'il va susciter un engouement qui ne se démentira pas avec les siècles.

Les recettes proposées dans cet ouvrage sont établies sur la base de quatre personnes (sauf mention spéciale) et adaptées à nos goûts d'aujourd'hui. ∎

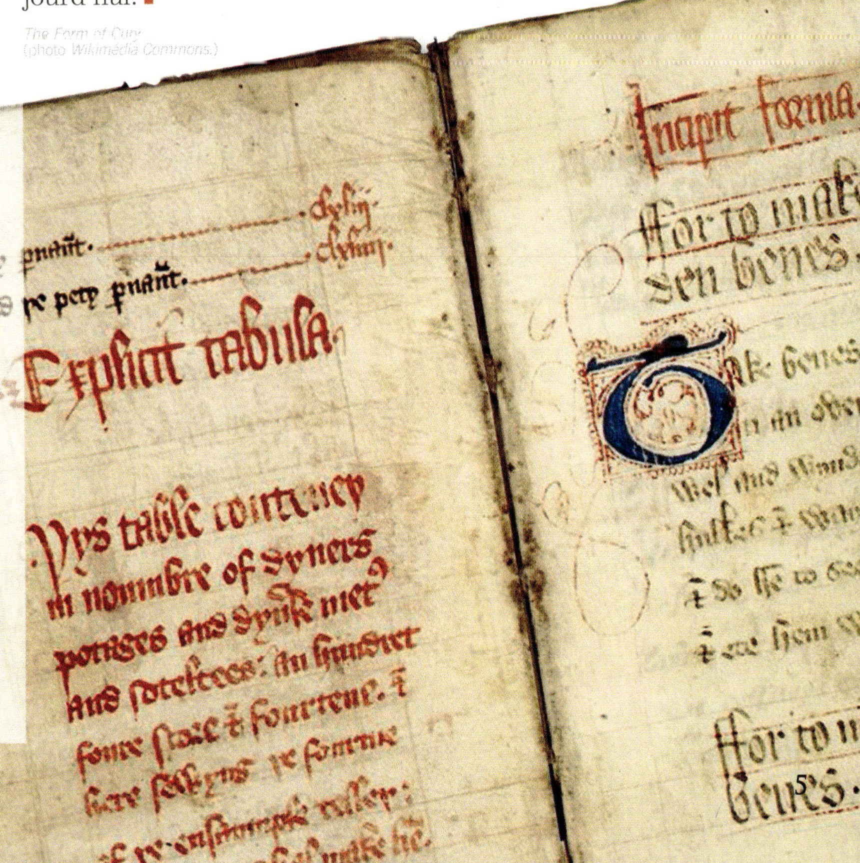

The Form of Cury.
(photo Wikimédia Commons.)

I. L'HÉRITAGE ANTIQUE (Ve SIÈCLE)

Un auteur barbare d'origine germanique, Vinidarius, complète l'ouvrage d'Apicius, le *De Re Coquinaria* avec les *Excerpta*, recueil de recettes écrit à la fin du Ve et au début du VIe siècle. La cuisine qu'il présente possède à la fois des saveurs acides avec l'emploi du vinaigre, des saveurs piquantes avec une large utilisation du poivre mais aussi des saveurs aigres-douces dues à l'adjonction du miel dans la réalisation des plats. On relève dans de nombreuses recettes la présence du garum, saumure de poissons fermentés, emblématique de la cuisine romaine, toujours présent à l'époque mérovingienne et même considéré comme l'ingrédient indispensable de toute cuisine raffinée. ▪

(photo de fond : Harald Mourreau.
personnage : *Creative Commons*.)

SARDAS SIC FACIES

Germon sauce tartare

Vinidarius propose une des premières recettes de sauce émulsionnée froide que l'on appelle aujourd'hui « sauce tartare » qui accompagne à merveille le germon, thon blanc prisé au Moyen Âge.

"Sardas sic facies : Teres piper, ligustici semen, origanum, cepam siccam, ouorum coctorum uitella, acetum, oleum. Haec in unum temperas et perfundes." [Les *Excerpta*]

"Pilez du poivre, des graines de livèche, de l'origan, de l'oignon sec. Battez des jaunes d'œufs durs avec du vinaigre et de l'huile. Mélangez tout et versez sur le poisson."

Préparation : **15 min.**
Cuisson : **5 min.** (thon)
         + 10 min. (œuf)

Ingrédients

4 filets de thon
Huile d'olive
Sel, poivre

Sauce

1 œuf dur
3 cuillerées à soupe d'huile d'olive
1 cuillerée à café de vinaigre blanc
1 bonne pincée de poivre
1 cuillerée à soupe d'oignons secs
½ cuillerée à café de graines de livèche
1 pincée de graines d'origan
Sel

Préparation

Faites cuire les filets de thon sur les deux faces dans un peu d'huile. Salez, poivrez.

Faites bouillir l'œuf jusqu'à ce qu'il soit dur. Comptez 10 minutes.

Réalisez la sauce : dans un saladier, écrasez le jaune avec une fourchette.

Versez goutte à goutte l'huile en mélangeant au fouet.

Montez comme pour une mayonnaise.

Allongez avec le vinaigre.

Ajoutez le poivre, les oignons secs broyés, les graines de livèche et d'origan broyées.

Salez. Mélangez bien. ▌

LA LIVÈCHE

Appréciée par les Romains et les Grecs, la livèche fait partie des plantes indispensables au Moyen Âge, sa culture est même recommandée dans le Capitulaire de Villis de Charlemagne. On la connaît sous l'appellation "ache de montagne" ou "céleri perpétuel".

On peut soit la cultiver et utiliser les feuilles fraîches broyées, soit acheter des feuilles séchées en herboristerie. Il est toutefois conseillé de les utiliser en cuisine avec parcimonie en raison de leur goût parfumé et particulier. ▌

(photo Shutterstock.)

PORCELLO OXIDIOMUM

Porc sauce piquante

Le rôti de porc est nappé d'une sauce réalisée avec du garum, du miel, de la coriandre et du poivre. La viande de porc est particulièrement estimée pendant le Haut Moyen Âge. On en relève sept recettes dans les *Excerpta* de **Vinidarius**. Les quantités font référence à l'hémine, mesure gréco-romaine valant un demi-setier, soit environ 0,27 litre, le setier représentant approximativement 50 cl. Le garum apporte une note salée et iodée aux plats. On le remplace aujourd'hui par du nuoc mâm lui aussi à base de poisson fermenté, de sel et d'eau.

"Porcellum oxyzomum : Porcellum accuratum ornabis et mittis in iuscellum sic conditum : adicies in mortario piper grana L, mellis quantum competat, cepas siccas III, coriandri uiridis siue sicci modicum, liquaminis heminam, olei sextarium I, aquae heminam I, simul temperas in caccabulo. mittis in eo porcellum. Dum bullire coeperit, saepius agitabis, ut spissum fiat. Si aliquid minus iuris facere coeperit, tunc adicies heminam I aquae. Sic percoque et sic porcellum inferes." [Les *Excerpta*]

Préparation : 15 min.
Cuisson : 1h (rôti) **+ 5 min.** (sauce)

Ingrédients

1 filet de porc de 800 g
Huile
2 cuillerées à soupe d'oignons secs
Poivre moulu
Plusieurs feuilles de coriandre
1 cuillerée à soupe de garum
2 cuillerées à soupe de miel
Eau

"Nettoyez et préparez un porcelet. Proposez-le avec la sauce suivante : broyez 50 grains de poivre, une bonne quantité de miel, 3 oignons secs, un peu de coriandre fraîche ou sèche, 1 hémine de garum, 1 setier d'huile, 1 hémine d'eau. Vous mélangez bien le tout dans la cocotte. Placez-y le porcelet. Quand commencera l'ébullition, agitez souvent pour épaissir. Si la sauce commence à diminuer, ajoutez une hémine d'eau. Terminez ainsi la cuisson et servez le porcelet."

Préparation

Faites rôtir le porc dans une cocotte avec un peu d'huile. Réservez-le.

Ajoutez aux sucs de cuisson contenus dans la cocotte les oignons secs broyés, une bonne pincée de poivre, les feuilles de coriandre hachées menu.

Versez le nuoc-mâm.

Ajoutez le miel. Mélangez bien le tout.

Remettez le rôti dans la cocotte. Faites chauffer quelques instants.

Ajoutez la quantité d'eau que vous jugez nécessaire pour que la sauce soit liquide.

(photo Shutterstock)

LA CORIANDRE

Les feuilles fraîches ont une odeur particulière, si on les froisse, on leur trouve même la senteur de la punaise écrasée comme en témoigne l'appellation de la plante, terme issu du grec signifiant *punaise*. Mais utilisées en cuisine, elles confèrent aux mets un goût original. La coriandre se cultive facilement dans un pot ou dans un jardin.

PORCELLO OXIDIOMUM

II
LA CUISINE DES
MÉROVINGIENS
LA CUISINE DU VIᵉ SIÈCLE

La paix revient avec la prise de pouvoir par les Francs qui fondent la dynastie mérovingienne du nom du père de Clovis. Les habitudes alimentaires gréco-romaines subsistent mais les Francs ont apporté de Germanie, leur pays d'origine, des goûts différents. Ils aiment le lard, le porc, le beurre. Ils consomment beaucoup de viande, ceci s'expliquant par le fait que les Barbares sont un peuple de chasseurs.

Un des fils de Clovis, Thierry Ier, commande à son médecin personnel Anthimus un ouvrage inédit le *De observatione ciborum*. Sa cuisine est directement influencée par la cuisine romaine et par la cuisine arabe. Le garum, ingrédient indispensable de la cuisine romaine y est encore employé. Les sauces aigres-douces appréciées dans la cuisine arabe y figurent largement. De nombreuses épices en relèvent le goût, notamment le sumac, épice qui figure dans la plupart des recettes concernant la cuisine de Bagdad. ▪

(photo de fond : Alain Nice, Musée des Temps Barbares.)

3

DE CARNIBUS
Bœuf braisé

Anthimus propose une des premières recettes de bœuf braisé aux saveurs aigres-douces.

"De carnibus uero uaccinis uaporatas factas […] mittis acetum acerrimum, et mittis capita porrorum et puledium modicum, apii radicis uel finiculum, et coquat in una hora, et sic addis mel quantum medietatem de aceto uel quis dulcedinem habere uoluerit […] Sic teri: piper grana, costo et spicanardi, et cariofili simul trita bene in mortario fictile addito uino modic."
[*De observatione cibo*]

"Une fois la viande cuite (bouillie ou rôtie), mettez du vinaigre très fort, des têtes de poireaux, un peu de menthe pouliot, des racines de céleri ou de fenouil. Faites cuire pendant 1 h, ajoutez du miel, la moitié de la quantité de vinaigre, en fonction de la douceur que vous désirez […] Pilez ensuite 50 g de grains de poivre, de la balsamine, des épis de nard, 2 g de chaque avec 15 g de clous de girofle […] en ajoutant un peu de vin ou du miel."

(photo Shutterstock.)

Préparation : **25 min.**
Cuisson : **4 min. + 1h15 + 30 min.**

Ingrédients

600 g de bœuf à braiser
20 cl de vinaigre de vin blanc
2 blancs de poireaux
2 tiges de céleri
¼ de pied de fenouil
Menthe
2 cuillerées à soupe de miel
25 cl de vin blanc sec
2 clous de girofle
Huile, Poivre, Sel

Préparation

Faites revenir le morceau de bœuf dans une cocotte avec un peu d'huile.

Ôtez-le, réservez-le.

Préparer le fond de braisage :

Versez dans la cocotte le vinaigre, ajoutez les poireaux coupés en rondelles, le céleri coupé en dés, le fenouil tranché en lamelles fines ainsi que la menthe finement ciselée. Salez.

Remettez le bœuf, ajoutez le miel et laissez cuire à demi-couvert et à feu doux pendant 1h15 au moins.

Ajoutez le poivre et les clous de girofle broyés ainsi que le vin blanc.

Continuez la cuisson 30 minutes environ.

Servez la viande entourée des légumes et de sauce. ∎

LE NARD

Une épice en vogue au Moyen Âge, surtout dans la cuisine arabe, il est aujourd'hui assez difficile de s'en procurer et il a été peu à peu oublié. Le nard ou le spic-nard est une plante graminée dont on utilise la partie inférieure des tiges qui se présentent comme des filaments chevelus de la longueur d'un petit doigt et de la couleur de la rouille. On n'utilise ni les feuilles ni la racine, seulement l'enchevêtrement de tiges. La fleur se présente avec plusieurs épis à fleur de terre, ce qui explique qu'on trouve souvent le nard sous l'appellation *spic-nard*, *spic* étant la forme contractée d'épi. La plante pousse en Inde. Son goût est plutôt âcre. ∎

LENTICULA

Salade de lentilles au sumac

Ce plat populaire est aromatisé avec une épice particulière le sumac, qui lui confère une saveur à la fois acidulée et aigrelette, ainsi qu'avec une herbe condimentaire, la coriandre, qui, outre son goût, facilite la digestion des légumineuses comme les lentilles.

"Lenticula uero et ipsa bona lauata et bene elixa in aqua pura [...] Ita ut cum cocta fuerit, acetum modicum mittatur pro sapre, et addatur ibi species illa, quae dicitur rus Syriacus, puluere facto quantum coclear plenum, et spargatur super lenticulam dum in foco est, et commisceatur bene; tollatur de foco et manducetur. Tamen oportet pro sapore oleum gremiale, dum coquitur in secunda aqua, mitti coclear bonum plenum, et coriandrum unum aut duo cum radicibus suis, non minutatim sed integrum, et modicum de sale pro sapore faciendum." [De observatione cibo]

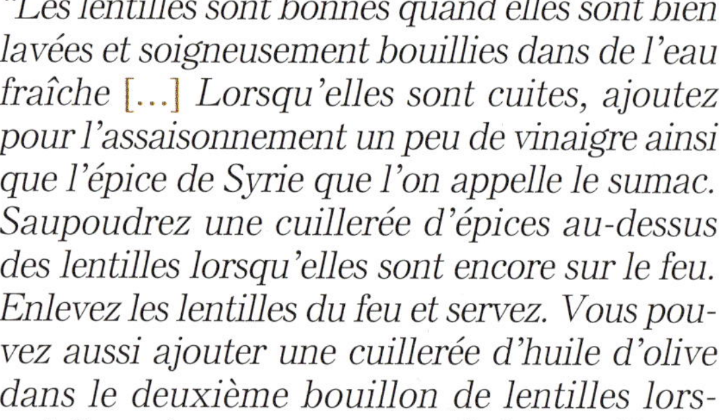

Préparation : 5 min.
Cuisson : 30 min.

Ingrédients

200 g de lentilles
2 cuillerées à soupe d'huile d'olive
1 cuillerée à café de sumac
1 filet de vinaigre
1/2 bouquet de coriandre
Sel, poivre

"Les lentilles sont bonnes quand elles sont bien lavées et soigneusement bouillies dans de l'eau fraîche [...] Lorsqu'elles sont cuites, ajoutez pour l'assaisonnement un peu de vinaigre ainsi que l'épice de Syrie que l'on appelle le sumac. Saupoudrez une cuillerée d'épices au-dessus des lentilles lorsqu'elles sont encore sur le feu. Enlevez les lentilles du feu et servez. Vous pouvez aussi ajouter une cuillerée d'huile d'olive dans le deuxième bouillon de lentilles lorsqu'elles cuisent encore et une à deux cuillerées de coriandre avec même les racines, pas broyées mais entières et une pincée de sel pour l'assaisonnement."

Préparation

Faites cuire les lentilles dans une grande quantité d'eau froide pendant 30 minutes.

Égouttez-les.

Versez le vinaigre, l'huile d'olive et le sumac.

Hachez finement les feuilles de coriandre. Saupoudrez-en les lentilles.

Salez, poivrez. ▮

LE SUMAC

Le sumac est une épice orientale. Son nom vient du mot arabe *summaq* signifiant "rouge" faisant référence à sa couleur. Les baies proviennent d'un arbre pouvant s'élever jusqu'à 3 m. Moulues, on obtient alors une poudre rougeâtre au goût semblable à celui du vinaigre mais moins acide. Aujourd'hui, on trouve facilement l'épice dans les magasins spécialisés dans les produits orientaux ainsi que chez la plupart des marchands d'épices.

Il existe un arbre d'ornement appelé sumac de Virginie qui pousse bien en France mais dont les fruits ne sont pas comestibles. ▪

(photo Shutterstock.)

III | À LA TABLE DU DUC GUILLAUME

LA CUISINE DU XIE SIÈCLE

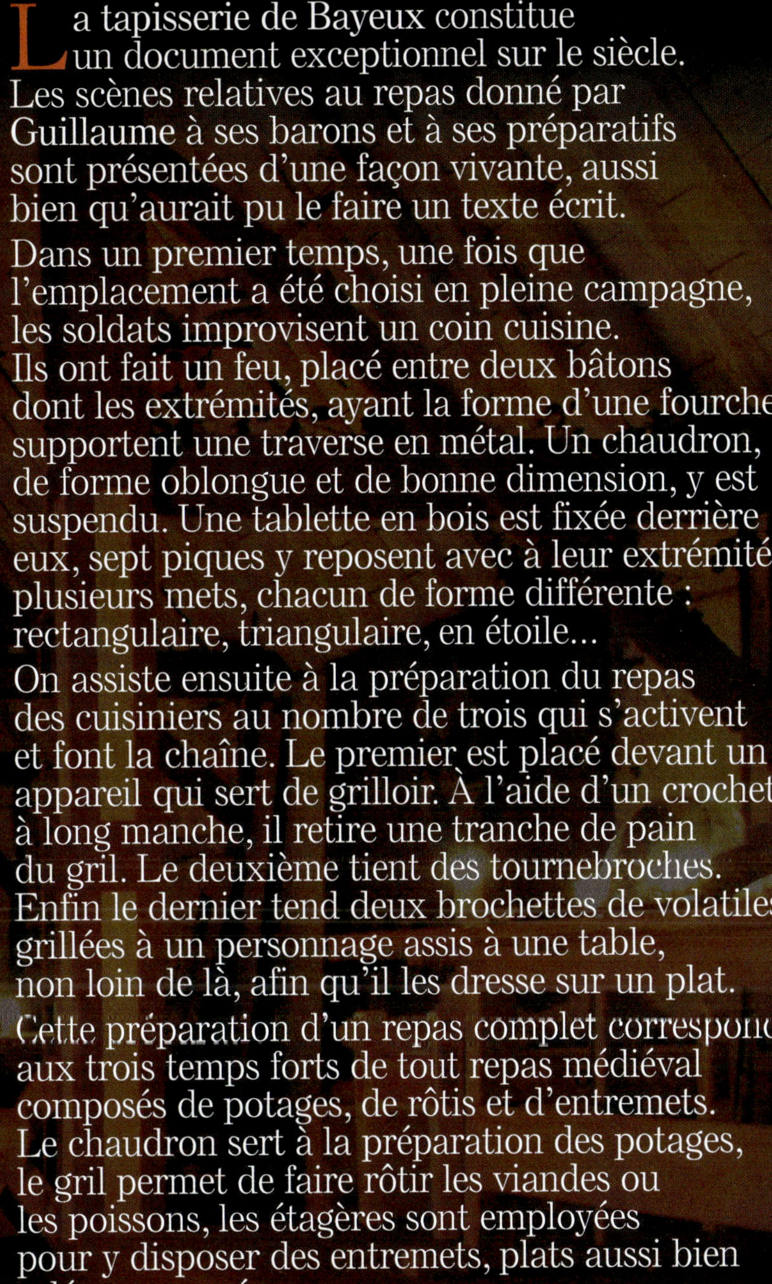

La tapisserie de Bayeux constitue un document exceptionnel sur le siècle. Les scènes relatives au repas donné par Guillaume à ses barons et à ses préparatifs sont présentées d'une façon vivante, aussi bien qu'aurait pu le faire un texte écrit.

Dans un premier temps, une fois que l'emplacement a été choisi en pleine campagne, les soldats improvisent un coin cuisine. Ils ont fait un feu, placé entre deux bâtons dont les extrémités, ayant la forme d'une fourche, supportent une traverse en métal. Un chaudron, de forme oblongue et de bonne dimension, y est suspendu. Une tablette en bois est fixée derrière eux, sept piques y reposent avec à leur extrémité plusieurs mets, chacun de forme différente : rectangulaire, triangulaire, en étoile…

On assiste ensuite à la préparation du repas des cuisiniers au nombre de trois qui s'activent et font la chaîne. Le premier est placé devant un appareil qui sert de grilloir. À l'aide d'un crochet à long manche, il retire une tranche de pain du gril. Le deuxième tient des tournebroches. Enfin le dernier tend deux brochettes de volatiles grillées à un personnage assis à une table, non loin de là, afin qu'il les dresse sur un plat.

Cette préparation d'un repas complet correspond aux trois temps forts de tout repas médiéval composés de potages, de rôtis et d'entremets. Le chaudron sert à la préparation des potages, le gril permet de faire rôtir les viandes ou les poissons, les étagères sont employées pour y disposer des entremets, plats aussi bien salés que sucrés.

Les recettes proposées s'inspirent des scènes de la tapisserie. Elles sont extraites de manuscrits anglais qui ont été compilés au XVe siècle et répertoriés sous l'appellation : *Two Fifteenth Century Books*. La langue d'au moins deux de ces manuscrits permet de dire qu'ils devaient être contemporains à la tapisserie ou à peine postérieurs. ∎

(photo de fond : Alison Offer, *Regia Anglorum*. personnages : Musée de la Tapisserie de Bayeux.)

FROMENTÉE
Bouillie de blé

Cette bouillie réalisée à partir de blé apporte un renouveau par rapport au riz et aux pâtes que nous consommons habituellement.

La recette originelle de la fromentée prévoit une cuisson lente du blé alors qu'aujourd'hui nous trouvons dans le commerce des sachets prêts pour la cuisson. Cette bouillie est colorée grâce aux jaunes d'œufs et au safran.

"Ayez un bon bouillon frais ou du bon lait d'amande ou du lait de toute nature et faites-le chauffer avec le blé. Ajoutez des jaunes d'œufs et des filaments de safran. Laissez bouillir un peu puis cuire en remuant."

Préparation : 5 min.
Cuisson : 30 min.

Ingrédients

150 g de perles de blé
2 œufs
50 cl de bouillon de viande
Filaments de safran
Sel, poivre

Préparation

Faites chauffer le bouillon.

Versez les perles de blé.

Laissez cuire 25 minutes jusqu'à ce que le liquide soit absorbé.

Salez, poivrez.

Hors du feu, incorporez les jaunes d'œufs battus.

Remettez quelques instants sur feu doux sans cesser de mélanger.

Ajoutez les filaments de safran.

Servez chaud.

LA FROMENTÉE

Plat caractéristique, elle est une bouillie dont on trouve très tôt les recettes dans les manuscrits culinaires de toute l'Europe. Elle accompagne les viandes, le poisson mais elle constitue aussi à elle seule un plat qui se mange à la cuillère.

HADDOCK IN CYVEE

Haddock sauce aux oignons

Les filets de haddock, d'une jolie couleur dorée, sont servis avec une sauce onctueuse, qui s'accommode à merveille à leur goût. Ce plat porte l'appellation de civet puisque l'ingrédient essentiel est l'oignon, dérivé du terme *cive* signifiant *civet*.

Le haddock est une préparation fumée et salée de l'aiglefin, poisson pêché au large des côtes de Norvège et d'Islande. On peut penser qu'il a été apporté par Guillaume et son armée dans les multiples tonneaux chargés sur les navires qui contenaient des vivres.

"Enlevez l'arête et lavez-bien le poisson. Faites-le rôtir sur un gril. Il faut moudre du poivre, du safran, du pain et émincer des oignons. Faites frire dans de l'huile, salez. Versez la bière. Portez à ébullition, disposez des tranches fines de haddock sur des plateaux, arrosez de civet et servez aussitôt."

Préparation : 15 min.
Cuisson : 4 min. (poisson)
+ 5 min. (sauce)

Ingrédients

250 g de filet de haddock sous vide
3 oignons
2 cuillerées à soupe de mie de pain
15 cl de bière brune
30 cl d'eau de cuisson du poisson
1 pincée de poivre blanc
Eau, huile

Préparation

Enlevez délicatement la peau.
Coupez le filet en 4 morceaux.

Versez de l'eau dans une poêle.
Portez à ébullition.

Disposez-y les filets et faites mijoter à couvert 4 minutes. Il faut que l'eau les recouvre.

Ôtez-la du feu et laissez les filets dans l'eau de cuisson, à couvert, pendant 4 minutes, le temps de préparer la sauce.

Faites suer les oignons dans l'huile sans coloration.

Ajoutez le poivre et la mie de pain broyée.

Versez la bière et de l'eau de cuisson du poisson. Portez à ébullition et faites réduire 4 minutes en remuant constamment.

Passez cette sauce au mixeur.

Remettez sur le feu quelques instants en remuant.

Ôtez les filets de leur eau de cuisson. Égouttez-les.

Faites-les frire au gril.

Présentez-les nappés de sauce. ▍

LES SAUCES

Au Moyen Âge, le cuisinier est avant tout un saucier. Il accorde une grande importance aux sauces et chacune est adaptée aux mets qu'elle accompagne. La plupart de ces sauces combinent la saveur des épices avec celle des produits acidulés, vin, verjus, vinaigre. Dans le cas présent il s'agit de la bière plus largement consommée dans les pays anglo-saxons qu'en France. Le procédé de liaison de l'époque est l'incontournable mie de pain trempée dans un liquide qui procure épaississement et onctuosité à la sauce. La mie de pain sera plus tard remplacée par de la farine. ■

(photo Pixabay, *Creative Commons*)

BLAUNCHE ESCREPES

Crêpes blanches

Ingrédients
pour 4 à 6 petites crêpes

130 g de farine
18 cl de vin blanc
1 cuillerée à soupe d'huile
3 œufs
Huile ou beurre, sel

Ces crêpes blanches assez épaisses réalisées avec des blancs d'œufs sont semblables à nos blinis actuels. Proposez-les en accompagnement du haddock.

"Faites une pâte avec la farine et le blanc d'œuf, ajoutez du vin de façon à ce qu'elle ne soit pas trop épaisse. Faites un puits à l'intérieur, ajoutez le beurre ou l'huile ou la graisse. Remuez à l'aide de vos doigts. Mettez cet appareil dans une espèce d'entonnoir muni d'un trou, versez la pâte dans une poêle contenant de la graisse. Faites une crêpe et encore une autre dans une poêle, et saupoudrez les crêpes avec du sucre."

Préparation

Séparez les blancs d'œufs des jaunes.

Battez les blancs en neige ferme dans un cul-de-poule.

Versez la farine dans un autre cul-de-poule.

Versez le vin.

Ajoutez la pincée de sel et l'huile.

Ajoutez cet appareil dans le premier cul-de-poule contenant les blancs d'œufs

Mélangez bien.

Laissez reposer la pâte 1 heure.

Prenez une louche de pâte que vous versez dans une poêle huilée.

Faites cuire, retournez la crêpe sur l'autre côté mais ayez soin qu'elle ne roussisse pas.

LES CRÊPES DE LA CHANDELEUR

Les recettes des crêpes apparaissent très tôt au Moyen Âge dans les manuscrits. Elles sont le plat traditionnel de la Chandeleur. Cette fête, célébrée le 2 février, est pour les Chrétiens le jour de la célébration de la présentation du Christ au Temple et des relevailles de Marie. Son nom vient du latin *candela* signifiant *chandelle*. En effet, ce jour-là les cierges sont bénis dans les églises, des processions ont lieu dans les villes à la lueur des chandelles. L'histoire raconte que le pape Gélase Ier, un pape du Ve siècle, faisait distribuer des crêpes aux pèlerins qui revenaient de Rome. On dit aussi que leur forme ronde rappelait le disque solaire et annonçait ainsi le retour du printemps.

CAILLES RÔTIES

Cailles sur tranchoir sauce noire

Sur la tapisserie, on observe que des cailles, perdrix ou petits oiseaux, sont présentés sur des broches par les cuisiniers aux officiers de bouche.

"Cailles rôties. Prenez des cailles et embrochez-les. Faites de même pour des perdrix et les faisans."

Préparation

Bardez chaque caille avec une tranche de lard que vous fixez avec un bâtonnet.

Disposez-les sur le tourne-broche et enfournez-les 20min.

Faites cuire les foies de volaille dans une poêle.

Préparez la sauce :

Broyez la mie de pain et les foies de volaille.

Dans une casserole, versez le bouillon de volaille et le vinaigre. Ajoutez la mie de pain, les foies de volaille et les épices.

Portez à ébullition puis laissez cuire à petits bouillons en remuant

Passez la sauce au mixeur pour la rendre plus homogène.

Faites griller des tranches de pain épaisses et présentez les cailles découpées en deux. ▮

LE GIBIER À PLUMES

Les oiseaux sont présents sur les tables médiévales, il s'agit de volailles mais aussi d'espèces inhabituelles : grues, hérons, butors, paons. Les menus oiseaux sont également appréciés : pigeons, cailles, grives, moineaux, rouges-gorges. ▮

CAILLES RÔTIES

DARYOLS
Darioles

Préparation : **15 min.**
Cuisson : **10 min. + 5 min.**

Ingrédients

1 pâte brisée

Crème

20 cl de crème fluide
2 œufs
50 g de sucre
80 g d'amandes en poudre
Cannelle

Les darioles sont des petits flans savoureux. Elles sont confectionnées dans des moules spécifiques, assez hauts, de 2 à 3 cm. Par la suite, le terme *dariole* ne s'appliquera plus à une pâtisserie mais au moule qui sert à la fabrication de petits cakes, de flans et autres compositions. Des moules à ramequins peuvent être utilisés.

L'amande entre dans leur composition, c'est un ingrédient fort prisé au Moyen Âge.

"Prenez de la crème de lait, de la poudre d'amandes, ajoutez du sucre, du safran et du sel, mélangez bien le tout. Placez l'ensemble dans une abaisse de pâte de 2 pouces de hauteur et faites cuire au four".

Préparation

Abaissez la pâte brisée.

Découpez des ronds assez grands pour garnir le fond et les côtés des moules.

Foncez les petits moules. Faites de petits trous dans la pâte pour éviter qu'elle gonfle.

Préchauffez le four.
Faites cuire à blanc pendant 15 minutes.

Préparez la crème en mélangeant tous les ingrédients.

Disposez la crème dans les moules.

Enfournez à 180°, pendant 25 minutes ou plus si nécessaire.

Vérifiez la cuisson au couteau.

(photo Pixabay, Creative Commons.)

IV | LE TEMPS DES CROISADES (XII-XIIIᵉ SIÈC...

Ces deux siècles se caractérisent par des échanges, des brassages de populations. Voyageurs, commerçants, pèlerins, chevaliers parcourent le monde. L'interdiction de pénétrer dans les lieux saints à Jérusalem déclenche les croisades. Les premiers croisés aiment tant l'Orient qu'ils s'y installent. **Marco Polo**, le grand aventurier des mers, entreprend à partir de 1254 un long périple autour du monde et rentre un an après, les navires chargés d'épices.

Tout va bien à cette époque pour l'Europe. Les Occidentaux ont le désir d'accéder à des produits inconnus et exotiques venus de l'Orient. Ces produits vont apporter de la richesse et de la variété dans la façon de se nourrir. En Orient, les croisés apprennent à connaître l'échalote appelée *ail d'Ascalon*, l'artichaut, l'asperge, l'aubergine, la pastèque… On va rapidement trouver des traces de la culture de ces produits dans les pays occidentaux méditerranéens comme l'Espagne et l'Italie.

Par contre les épices et le sucre vont entrer rapidement dans l'alimentation. Les derniers siècles du Moyen Âge vont se caractériser par la folie des épices et l'utilisation de plus en plus importante du sucre. **Marco Polo** s'étonne de la richesse des indigènes qui ont *"poivre noir, noix de muscade, galanga, cubèbe, girofle et autres épices"*. Les épices sont rares et chères, l'épicier ou l'apothicaire les vend à la pièce, à l'once, il est obligé de faire des comptes très précis, minutieux, appelés *comptes d'apothicaires*. Le sucre découvert en Syrie va devenir un ingrédient fondamental de la cuisine occidentale. La canne à sucre est aussitôt plantée en Sicile et dans l'Al-Andalus. D'abord considéré comme un médicament, le sucre va peu à peu remplacer le miel. Il apparaîtra de plus en plus dans les recettes de cuisine.

Les ouvrages orientaux sont étudiés en Occident. Ils sont traduits, copiés et recopiés. Les plus significatifs sont le *Kitâb al-Tabîkh d'Al-Mahdî* demi-frère du calife et le *Kitâb al-Tabîkh d'Al-Warrâq* compilation d'œuvres antérieures, répertoriées aujourd'hui sous l'appellation *A Baghdad Cookery Book*. Les recettes culinaires d'origine arabe sont appréciées en Sicile, dans l'Italie du sud, en Espagne. Elles influencent la cuisine des XIIe et XIIIe siècles puisqu'on retrouve leur marque dans la cuisine des siècles ultérieurs pour lesquels nous possédons des sources occidentales. ■

MISAQUA
Purée d'aubergines

Le goût de cette purée d'aubergines est rehaussé par celui des noisettes. Les rondelles d'oignons donnent une texture craquante. Dégustez-la plutôt froide.

La purée d'aubergines est une préparation végétale connue aujourd'hui sous le nom de *caviar* qui ne diffère de la recette proposée que par l'emploi de l'huile d'olive et de l'ail.

"Faites cuire des aubergines jusqu'à ce qu'elles soient tendres que ce soit en les blanchissant, les mettant au four ou les grillant. Lorsqu'elles sont refroidies, enlevez la peau, essorez l'aubergine pour enlever le liquide amer et coupez finement la chair. Vous devez obtenir la consistance d'une purée. Broyez des noisettes finement et faites-en une pâte avec du vinaigre et du sel. Faites frire sur les deux faces. Mélangez la purée de noisettes à la purée d'aubergines et assaisonnez avec du vinaigre et de la cannelle moulue. Salez, poivrez. Servez en disposant au-dessus des rondelles d'oignons grillées."

Préparation : 15 min.
Cuisson : 30 min. + 5 min.

Ingrédients

- 2 aubergines
- 6 cuillerées à soupe de noisettes en poudre
- 2 cuillerées à soupe de vinaigre
- 1 gros oignon
- 1 pincée de cannelle
- Sel, poivre
- Huile

Préparation

Fendez en deux les aubergines.
Faites-les cuire dans une casserole d'eau bouillante salée pendant 30 minutes.

Laissez-les refroidir. Égouttez-les. Récupérez la chair à l'aide d'une cuillère. Salez, poivrez. Passez cette chair au presse-purée de façon à obtenir une consistance crémeuse.

Versez le vinaigre sur les noisettes.

Mettez cet appareil dans une poêle contenant un peu d'huile et faites revenir.

Ajoutez la chair des aubergines.
Faites cuire pendant 5 minutes en remuant avec une cuillère.

Saupoudrez de cannelle.

Faites frire des rondelles d'oignons.

Disposez-les au-dessus.

L'AUBERGINE

Originaire d'Inde, elle est ensuite connue en Perse. Les Arabes s'y intéressent et les recettes d'aubergines sont très présentes dans les ouvrages culinaires arabes. Bien qu'ils en aient connaissance par les traductions, les cuisiniers français ne les reprendront pas. Il faudra attendre des siècles jusqu'à la Renaissance. C'est que l'aubergine a mauvaise réputation ! Elle fait partie de la famille des solanacées, famille d'empoisonneuses avec la jusquiame, la belladone, le datura ! La pomme de terre et la tomate qui font également partie de cette famille n'entreront dans l'alimentation des Français qu'au XVIIIe siècle..

En Occident, sa culture se limite à la péninsule ibérique, à la Sicile, au sud de l'Italie et à la Grèce. Les Espagnols seront les premiers à l'intégrer dans leur alimentation. Ils l'appellent *la belle étrangère*. *Lle Libre de Sent Soví*, composé vers 1324 en Catalogne, bien avant le *Viandier*, en propose plusieurs recettes.

MAQLÙA AL SHIWA
Boulettes de viande

Ingrédients

2 tranches de rôti froid
2 cuillerées à soupe
de noisettes en poudre
2 œufs
1 bonne pincée de cumin
1/2 bouquet de persil
Huile
Citron
Sel, poivre

Ces boulettes se préparent facilement avec des restes de rôti froid. Elles peuvent être associées à la sauce verte dont la recette figure dans cet ouvrage. Les boulettes seront reprises dans les manuscrits occidentaux sous l'appellation *pommeaux* ou *dorures*.

"Prenez de la viande rôtie froide. Coupez-la finement avec un couteau. Ajoutez des herbes et surtout des noisettes. Battez un œuf, ajoutez-le. Si vous désirez plus d'acidité, arrosez d'un jus de citron."

Préparation

Battez les œufs.

Broyez la viande avec le persil.

Ajoutez les noisettes en poudre.

Versez les œufs battus. Mélangez bien.

Ajoutez le cumin. Salez, poivrez.

Façonnez des boulettes à l'aide d'une cuillère.

Faites-les dorer dans une poêle contenant un peu d'huile.

Comptez 4 minutes et retournez-les. Faites dorer encore 4 minutes.

Arrosez au dernier moment avec un jus de citron.

LES BOULETTES

Les boulettes de viande ou de poisson sont un classique de la cuisine médiévale de tous les pays. Faciles à manger, elles sont aussi un élément de décoration dans un plat. Taillevent les dorera même avec du jaune d'œuf ou du safran pour leur donner une belle apparence.

LES FRUITS SECS

L'homme médiéval fait une grande consommation de fruits secs : amandes, noix, noisettes, pignons de pins. Énergétiques, ils ont aussi l'avantage de se conserver longtemps. On les sert souvent en fin de repas, ils peuvent être enrobés de miel. Les noisettes se retrouvent souvent dans les recettes arabes.

(photo Pixabay, Creative Commons)

MAQLÙA AL SHIWA

SIBÂGH

Morue sauce aigre-douce

Préparation : **10 min.**
Cuisson : **6 min.** (poisson)
         + 3 min. (sauce)

Ingrédients

4 filets de morue dessalée
Huile

Sauce

1 poignée de raisins secs
1 gousse d'ail
1/2 coupe de vinaigre
Eau
Persil, sel

Le terme arabe *sibâgh* désigne le nom de la sauce. La sauce se marie très bien avec un poisson à la saveur marquée. On peut remplacer la morue par du hareng frais ou du hareng mariné.

"Prends une poignée de raisins secs et trempe-les dans du vinaigre. Pile-les. Ajoute un peu d'ail et mêle-le au vinaigre. Verse le tout dans une saucière."

LA MORUE

La morue est un des poissons phares du Moyen Âge, un des plus largement consommés en raison de sa longue conservation et du nombre important de jours de jeûne. Le terme *morue* ne s'applique pas au poisson frais qui est le cabillaud mais au poisson séché. La morue a d'abord été conservée par séchage, donnant des bâtons de morue très durs, à l'origine du *stockfisch*, ensuite par salaison. ∎

Préparation

Faites tremper les raisins secs et l'ail dans le vinaigre pendant 1 heure.

Broyez soigneusement le mélange.

Mettez-le dans une casserole, ajoutez un peu d'eau.

Portez à ébullition et faites chauffer 3 minutes en remuant jusqu'à ce que vous obteniez une sauce onctueuse. Salez.

Ajoutez de l'eau en fonction de la consistance.

Faites frire le poisson 3 minutes sur chacune des faces dans un peu d'huile.

Versez la sauce en saucière.

Décorez le poisson avec des feuilles de persil hachées. ∎

LES SAVEURS

Les Arabes aiment les saveurs aigres-douces dues à l'adjonction de sucre, de miel ou des raisins secs au vinaigre ou au verjus. Ce sont les Catalans, influencés par les Arabes qui, les premiers la mettent au point dans le *Lle Libre de Sent Soví* et cette nouvelle saveur plaît tout de suite aux Anglais. Comme les Catalans, ils utilisent non seulement le sucre, le miel mais aussi les raisins de Corinthe, les fruits secs. On relève dans le *Form of Cury* de nombreux plats accompagnés d'une sauce aigre-douce.

La cuisine médiévale française qui se caractérise surtout par la saveur acide laissera cependant une place à cette nouvelle saveur. ∎

(photo Pixabay
Creative Commons.)

ISFANAKH MUTAJJAN
Epinards sautés

Cette recette très simple intitulée par les cuisiniers arabes inspirera les cuisiniers des siècles suivants. Elle est l'ancêtre des *Spynoches yfried* que l'on relève dans le *Form of Cury*, ouvrage homologue anglais du *Viandier* et par l'auteur des épinards sautés du *Mesnagier de Paris*.

"Ayez des épinards, ôtez les racines. Lavez-les bien. Plongez-les dans de l'eau tiède et salée. Séchez-les. Faites chauffer de l'huile de sésame et faites-y frire les épinards. Émincez de l'ail, ajoutez-le. Saupoudrez de cumin en poudre, de coriandre sèche, de cannelle. Servez."

Préparation

Si les épinards sont frais et tendres, il est inutile de les faire blanchir dans l'eau.

Nettoyez les épinards, enlevez les tiges. Égouttez-les bien.

Râpez l'ail.

Faites chauffer l'huile. Plongez-y quelques feuilles d'épinards. Renouvelez l'opération.

Au fur et à mesure, ajoutez l'ail râpé, les épices. Salez, poivrez.

UN LÉGUME NOUVEAU

Il apparaît dans les derniers siècles du Moyen Âge, apportés par les Croisés, ce qui fait qu'il n'est pas cité dans les premiers documents médiévaux. Le terme n'est attesté qu'en 1330 sous les formes *espinache, espinoche*. *Espinache* est emprunté au latin médiéval *spinachium*, tiré probablement de l'arabe parlé en Andalousie.

À la fin du Moyen Âge, l'épinard remplace l'arroche dans l'alimentation car son goût est plus fin, moins acide. L'arroche est une plante qui pousse spontanément dans la nature et dont on consomme les feuilles toute l'année alors que les feuilles d'épinards ne sont disponibles qu'au printemps et en automne. Il est fort possible qu'un jour on en revienne à l'arroche.

(photo Shutterstock.)

ISFANAKH MUTAJJAN

ZABARBADA
Crème de fromage

Préparation : **10 min.**
Cuisson : **2 min.**

Ingrédients

125 g de ricotta
1 oignon
1 pincée de poivre
1 pincée de cumin
1 cuillerée de coriandre fraîche ciselée
1/2 cuillerée à café de cannelle
1 œuf
4 tranches de pain rassis
Sel

Ce plat doit être particulièrement épicé pour relever la douceur du fromage. L'homme médiéval, qu'il vive en Orient ou en Occident, aime agrémenter le fromage qu'il accompagne souvent de fruits secs. Aujourd'hui nous reprenons cette façon en utilisant des herbes aromatiques, des fruits secs que nous mélangeons à différents fromages.

"Ayez du fromage frais, lavez-le, émiettez-le. Prenez de la cannelle et un oignon et mettez-les dans le fromage avec des épices, du poivre. Allongez avec deux cuillerées à soupe d'huile et la même quantité d'eau, salez. Mettez cet appareil dans un pot et mettez sur le feu pour la cuisson. Lorsque c'est cuit, enlevez le pot du feu, ajoutez un œuf, un peu de farine et servez."

Préparation

Mélangez le fromage bien égoutté, l'oignon broyé et les épices. Salez.

Mettez cet appareil dans une casserole sur feu doux. Remuez.

Lorsque vous avez obtenu une crème, ôtez la casserole du feu, ajoutez un œuf battu, mélangez bien.

Servez tiède ou froid.

Saupoudrez de coriandre fraîche.

Faites griller les tranches de pain et tartinez-les de fromage.

(photo Shutterstock)

V

Tout au long du XIVᵉ siècle, la France connaît un rayonnement remarquable. L'aristocratie et la bourgeoisie naissante se préoccupent d'un nouvel art de vivre, recherchant le confort et le plaisir. Les ouvrages culinaires qui se multiplient à cette époque sont un témoignage de cette évolution des mentalités mais marquent aussi une certaine rupture avec le passé, privilégiant un modèle appelé le courant capétien, préféré au courant méditerranéen en faveur jusque-là.

Le style culinaire se modifie progressivement. Les recettes, à l'origine lapidaires, se présentent sous la forme d'une énumération d'ingrédients, deviennent plus explicites, bien qu'il n'y ait encore que peu de précisions concernant les quantités et les durées.

Plusieurs ouvrages sont à retenir : *Le Libellus de arte coquinaria* (vers 1300), *Les Enseingnemenz*, *Le Tractatus* et *Le Liber de coquina*, les trois derniers parus vers 1306. Le *Manuscrit de Sion*, daté de 1320, est longtemps passé inaperçu parce qu'il n'a été découvert qu'en 1953. Il comporte toutes les recettes que l'on retrouvera dans le *Viandier* et que l'on a attribuées à *Taillevent*, qui s'en serait largement inspiré. Il représente le noyau dur, le texte fondateur sur lequel repose le *Viandier*. ∎

(photo de fond : Peter Ahlqvist, *Albrechts Bössor*.)

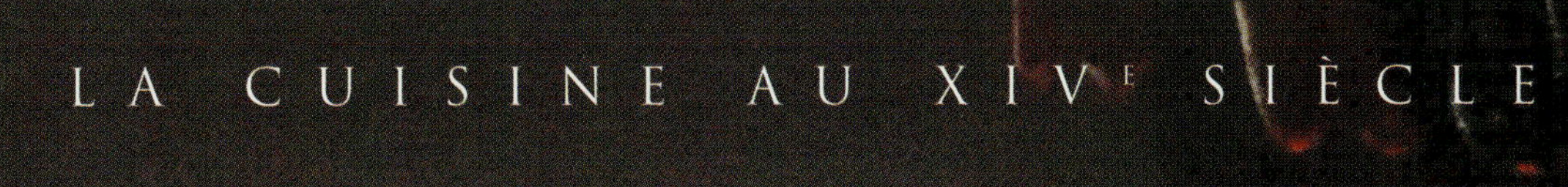

LA CUISINE AU XIVE SIÈCLE
(1300-1350)

PULLI IN PASTILLIS

Poulet en croûte

Préparation : **25 min.**
Cuisson : **35 min.**

Ingrédients

4 pilons de poulet
4 tranches de poitrine
4 feuilles de sauge
1 pâte brisée
1 jaune d'œuf

Ce plat fait partie au Moyen Âge de la restauration rapide : il est vendu dans les rues et se mange facilement avec les mains.

Il s'agit de morceaux de poulet ou d'un poulet entier coupé en deux. La viande est bardée de lard et enveloppée dans une pâte. Notons toutefois que la pâte servait uniquement à envelopper la viande, on ne devait pas la considérer comme faisant partie du mets. Elle était réalisée avec de la farine et de l'eau et n'avait pas la saveur de notre pâte brisée.

"Madr skal eitt ungrr haens i. ii. Skera and svepa par um heil slavie blod ans skera i spek and sallt med lata at lyfe. Sidan hylja pat med deiggh and baka braud i ofne."
[*Libellus de arte coquinaria*]

"Coupez le poulet en deux morceaux. Enveloppez-les dans des feuilles de sauge et dans des tranches de poitrine fraîche ou fumée selon vos goûts. Ensuite, enveloppez-les dans une feuille de pâte et faites cuire au four comme du pain."

Préparation

Enlevez la peau du poulet. Entourez chaque morceau d'une tranche de poitrine et d'une feuille de sauge.

Partagez la pâte en quatre morceaux.

Roulez un morceau de pâte tout autour de chaque pilon.

Badigeonnez avec le jaune d'œuf battu.

Préchauffez le four.

Disposez les poulets sur une plaque allant au four recouverte de papier sulfurisé.

Enfournez à 200° durant 35 minutes environ ou davantage si nécessaire. ▮

(photo Shutterstock.)

LA SAUGE

La sauge est la plante incontournable du Moyen Âge que l'on appelle *"la toute bonne"* en raison de ses nombreuses propriétés médicinales. Son nom est issu du verbe latin *salvare* signifiant *sauver*. Deux sortes de sauges sont cultivées au Moyen Âge : la **sauge officinale** et la **sauge sclarée**. Les deux variétés de sauges ont une odeur particulière, une saveur un peu camphrée, assez piquante. On peut utiliser l'une ou l'autre. ▮

PULLI IN PASTILLIS

KALLIS
Pudding

Préparation : 15 min.
Cuisson : 40 min.

Ingrédients
pour 6 personnes

50 cl de lait
4 cuillerées de sucre en poudre
150 g de pain rassis
3 œufs
Beurre

L'ouvrage offre la première version basique du pudding au pain de **Taillevent** qui figurera dans *Le Viander* sous l'appellation "taillis". Seuls trois ingrédients sont nécessaires : le lait de préférence frais, le pain blanc et les œufs. La recette du *Libellus* ne comporte pas de fruits frais contrairement à celle de Taillevent qui l'a enrichie.

Voici une excellente façon d'utiliser les restes de pain et de lutter contre le gaspillage.

"Man skal takæ søt miælk. oc skæræ thær .i. skorpæn. afhuetebrøth swa smat sum tærning. oc siuthæ thæt .i.en pannæ. oc latæ thær til æggi blomæ wæl slaghnæ. Thæthetær kalijs." [*Libellus de arte coquinaria*]

"On doit prendre du lait frais, lui ajouter des croûtes de pain blanc finement coupées. Remuer tout cela dans une poêle, y ajouter des jaunes d'œufs battus. On appelle ce plat kallis."

Préparation

Faites chauffer le lait avec le sucre.

Ajoutez le pain broyé. Réservez.

Battez les œufs. Versez au-dessus le lait sucré sans cesser de remuer.

Beurrez un moule, style moule à cake.

Versez-y l'appareil.

Enfournez à 180° durant 40 minutes environ. Vérifiez la cuisson avec la pointe d'un couteau.

Servez froid. Le pudding se conserve quelques jours dans une boîte en fer.

Ce n'est qu'en 1978 que cette œuvre d'importance est révélée au grand public par **Rudolf Grewe** et **Constance B. Hieatt**, deux grands spécialistes de la cuisine médiévale.

Le *Libellus de arte coquinaria* est un des premiers textes du début du XVIᵉ siècle. On le considère comme appartenant à l'Europe de l'Est parce qu'il est rédigé en trois langues vernaculaires : le danois, l'islandais et la langue germanique. En fait, il est d'inspiration française, écrit par des médecins danois et germaniques séjournant dans la prestigieuse université de Montpellier. Considéré comme le premier témoignage du courant réformateur appelé « le modèle capétien », l'ouvrage compte trente-cinq recettes dont la plupart vont devenir emblématiques du Moyen Âge. En effet on y trouve dix recettes des principales sauces médiévales : cameline, sauce verte, sauce au poivre, sauce à la moutarde… Seule la jance qui est une sauce au gingembre n'y figure pas. Les plats à base de lait et d'œufs y sont bien représentés de même que les brouets, les civets et le blanc manger.

[photo Shutterstock.]

BLANC BROUET DE GELINES

Brouet de poulet

Préparation : 30 min.
Cuisson : 1h30 + 20 min.

Ingrédients
pour 6 personnes

1 poule ou 1 poulet
25 cl de vin blanc
75 cl d'eau
3 cuillerées à soupe de poudre d'amandes
2 clous de girofle
1 pincée de cannelle ou de safran
1 pincée de sucre
1 filet de vinaigre
Sel, poivre

La saveur et la tendreté de la chair de poule sont rehaussées par l'emploi des amandes et d'un mélange complexe d'épices.

La recette propose une énumération d'épices : clous de girofle, cannelle, poivre long, garingal, safran ainsi que le sucre considéré alors comme une épice. Elle fait appel au vin et au vinaigre qui confèrent au plat une certaine acidité contrebalançant la saveur du sucre.

"Por fere blanc brouet de gelines, metez les gelines cuire en vin e en eve, e prenez alemandes, si les breez e destrempez du boullon, puis cuisiez en un beau pot, e coupez les gelines par morseaus e les frisiez, puis metez tout ensemble dedens cel pot boullir ; puis prenez alemandes e girofle e canele e poivre lonc e folion e guaringal e safren e çucre, puis destrempez d'un poi de vin aigre e metez ensemble. Si avrez bon brouet." [Enseingnemenz]

"Pour faire un brouet blanc de poule, mettez une poule à cuire dans de l'eau et du vin. Prenez des amandes, broyez-les, détrempez-les avec un peu de bouillon et versez dans le pot. Découpez la poule en morceaux et faites-les revenir. Remettez le tout dans le pot pour le faire bouillir. Ayez des amandes, des clous de girofle, de la cannelle, du poivre long, du garingal, du safran, du sucre. Ajoutez du vinaigre. Vous aurez un bon brouet."

Préparation

Découpez la poule ou le poulet en morceaux.

Mettez les morceaux dans une marmite avec l'eau et le vin.

Portez à ébullition, diminuez le feu et laissez cuire à couvert pendant 1h30.

Ôtez les morceaux de poulet.

Prélevez 25 cl de bouillon. Ajoutez la poudre d'amandes. Mélangez bien.

Remettez cet appareil dans la marmite.

Ajoutez la cannelle ou le safran selon vos goûts ainsi que le sucre.

Salez et poivrez.

Versez le filet de vinaigre.

Faites réduire en surveillant pendant 20 minutes.

Servez la viande, la sauce réduite autour.

Les Enseingnemenz
(vers 1306)

Le texte des *Enseingnemenz* est écrit en français. Le titre complet est long, reprenant la première phrase : *Les Enseingnemenz qui enseignent a apareillier toutes manieres de viande*. L'ouvrage comporte soixante-cinq recettes notées dans un style lapidaire sans indication de temps, ni de quantité, avec simplement une liste d'ingrédients et une façon de procéder succincte. L'ouvrage se veut à portée didactique, ce qui est original : *« Quiconque veut servir dans une bonne maison, il doit avoir tout ce qui se trouve écrit dans ce rouleau dans sa mémoire. Qui ne l'a pas, il ne peut bien servir au gré de son maître. »* Les recettes appartiennent pour la plupart au *corpus* des recettes capétiennes : *« brouets, gravés, blanc mengier, comminee, galentine, gelle, sauce cameline »*. Elles font appel à un grand nombre d'épices qui se retrouveront dans les manuscrits ultérieurs. L'ouvrage témoigne déjà de la folie des épices qui s'empare des derniers siècles du Moyen Âge. ∎

LE BROUET

Le brouet est un des plats phares du Moyen Âge. Les recettes de brouets sont nombreuses et diverses : de viande, de poissons, d'œufs. Le brouet est une sorte de potage. L'élément solide est dressé dans un plat et le potage est versé au-dessus, ce bouillon étant un liquide élaboré avec un grand nombre d'ingrédients (amandes, épices, herbes…) qui lui donnent saveur et couleur. ∎

PASTEZ NORROIS
Pâtés de poisson

Préparation : 20 min.
Cuisson : 5-8 min. + 60 min.

Ingrédients

1 pâte brisée rectangulaire
250 g de filets de poisson
Court-bouillon
1 boîte de foie de morue
2 cuillerées à soupe de vin blanc
1 cuillerée à café de gingembre
1/2 cuillerée à café de cannelle
Sel, poivre

Les pâtés norrois sont réalisés avec de la chair de poisson hachée, parfumée à la cannelle et au gingembre. La recette est reprise par l'auteur du *Mesnagier de Paris* au siècle suivant qui y ajoute du foie de morue.

Accompagnez les pâtés de sauce verte, sauce emblématique du Moyen Âge, elle aussi vendue dans les rues. Ces marchands ambulants portaient le nom de « crieurs de sauce verte ».

"Por fere pastez norreis, prenez menuise de luiz ou d'autre pesson e ce boulliez ; puis tailliez par morseaus comme dez, e i metez gingembre e canele, e destrempez d'un poi de vin; puis en fetes vos pastez. E les fetes petiz e frisiez en uile." [Enseingnemenz]

"Pour faire des pâtés norrois, prenez de la chair hachée de brochet ou d'un autre poisson. Faites bouillir. Taillez-la en dés, ajoutez du gingembre, de la cannelle, versez un peu de vin et faites vos pâtés. Faites frire dans un peu d'huile."

Préparation

Coupez la pâte en quatre carrés.

Faites pocher les filets de poisson dans un court-bouillon déjà préparé. Le départ se fait à froid.

Comptez de 5 à 8 minutes selon l'épaisseur des filets.

Hachez-les.

Ajoutez le foie de morue émietté, le vin, le gingembre et la cannelle.

Salez, poivrez.

Disposez cet appareil dans les carrés de pâte que vous façonnez en forme d'aumônière.

Faites-les dorer au four à 180° pendant 60 minutes. ∎

LES PÂTÉS

Les pâtés sont la grande innovation médiévale, rencontrant un vif succès auprès de la population. Ils sont la plupart du temps entourés d'une pâte faite avec de la farine et de l'eau. La pâte est peu appétissante mais permet de tenir la farce intérieure. Étant faciles à manger avec les mains, ils font partie de la restauration rapide, de la restauration de rues. Ils sont confectionnés par les pastissiers, peu de maisons possédant des fours. ∎

SAULCE VERDE
Sauce verte

Préparation : 10 min.
Cuisson : 8 min.

Ingrédients

12 cl de vin blanc sec
1 cuillerée à soupe de vinaigre de vin
3 cuillerées à soupe de crème épaisse
3 cuillerées à soupe de pain de mie écrasé
2 cuillerées à soupe de persil
1 cuillerée à soupe de menthe
1 cuillerée à soupe de sauge
2 cuillerées à café d'ail écrasé
1 cuillerée à café de cannelle
1 pincée de gingembre
Quelques filaments de safran
Sel, poivre

Cette sauce témoigne du goût de l'homme médiéval pour les épices et les herbes aromatiques. Elle est citée dans le manuscrit mais l'auteur n'en donne pas la recette, étant réalisée par des spécialistes. Par contre la recette apparaît ultérieurement dans *Le Viandier*.

"Prennés pain, percil, gingembre, broiés bien et deffaites de verjus et de vin aigre (détrempez de verjus et de vinaigre)."

[*Le Viandier*]

Toutefois comme elle n'est pas tout à fait conforme à nos goûts, elle est proposée modifiée.

Préparation

Faites bouillir le vin avec le vinaigre et faites réduire de moitié.

Ajoutez ensuite la crème, le pain écrasé et laissez cuire à petite ébullition pendant 8 minutes.

Incorporez alors les herbes hachées, l'ail et les épices. Remuez constamment.

Ajoutez du pain de mie écrasé si nécessaire.

Diminuez le feu en fin de cuisson.

Broyez le tout et passez la sauce au chinois.

Poivrez, salez. ▮

[photo Shutterstock.]

LES METS COLORÉS

Les cuisiniers médiévaux attribuent une grande importance à la couleur qui correspond à une symbolique. Le vert est en rapport avec la nature qui renaît au printemps, à la fertilité de la terre, le jaune fait référence à la sagesse, le blanc à la pureté.

Chaque couleur est recherchée en fonction du plat. La sauce aux herbes est verte, le blanc-manger est blanc. Le cuisinier note chaque fois dans sa recette la couleur qu'il désire obtenir. ▮

SAULCE VERDE

Ce recueil culinaire en latin a été retrouvé dans le même manuscrit que les *Enseingnemenz*, ce qui tend à faire penser qu'il a été rédigé en France vers 1306. Le titre complet en est la première phrase *Tractatus de modo preparandi et condiendi omnia cibaria* traduit en français par *Traité de la façon de préparer et d'assaisonner tous les aliments et la boisson*. À l'instar des auteurs contemporains, l'auteur s'est servi de plusieurs traités antérieurs et en a réalisé une compilation. Toutefois, l'ouvrage se veut cosmopolite avec des recettes faisant appel à des produits en provenance de diverses régions d'Europe. Une grande place est faite aux légumes, fait inhabituel au Moyen Âge, les classes aisées privilégiant les viandes. L'ouvrage comporte une rubrique consacrée aux boissons, ce qui est original par rapport aux autres livres de la même époque. ∎

MORETUM
Vin de mûres

La tradition des vins réalisés à partir de fruits remonte au Moyen Âge, le miel entrant dans leur fabrication. Le terme *moretum* vient de *mortier*, les fruits étant écrasés dans un mortier.

"Moretum hoc modo fit : recipe tres sextarios vel quattuor de moris celsi aut rubi, et sextarium unum mellis despumati, et sextarium unum yini nigri […] bonum est in secundo anno, melius tertio et quatro."

[*Tractatus*]

Préparation : 10 min.
Cuisson : 5 min.

Ingrédients
un peu plus de 2 bouteilles (75 cl)

200 g de mûres
2 bouteilles de 75 cl de vin rouge
50 g de miel

"Voici comment on fait le moretum. Il faut prendre trois ou quatre mesures de mûres rouges et six mesures de miel et six quantités de vin rouge […] Mettre le vin de mûres en tonneau, il est bon la deuxième année et meilleur au bout de 3 ou 4 ans."

Préparation

Nettoyez les mûres, ôtez les pédoncules. Écrasez-les.

Faites chauffer le vin avec le jus recueilli, ajoutez le miel.

Portez à ébullition. Écumez.

Ajoutez un peu d'eau si le mélange devient trop épais.

Laissez refroidir. Mettez en bouteille.

Attention à l'ouverture car le mélange fermente avec les fruits.

Attendez une vingtaine de jours avant de le consommer. ∎

(photo Pixabay, Creative Commons)

LE MIEL

Le miel est au Moyen Âge ce que le sucre sera à la Renaissance. Produit naturel, on peut se le procurer facilement alors que le sucre est importé d'Orient et de ce fait coûte très cher.

Pour sucrer un vin, le meilleur miel est le miel d'acacia. ∎

21

CLARETUM
Clairet

La recette de ce vin blanc au miel est reprise dans l'édition du XVe siècle du *Viandier*.

"Ad claretum componendum, recipe cinamomni uncias .VII., et zyzembris uncias .6., folii galange, spice nardi, ana unciam dimidiam, gariofilorum uncias .III., piperis longi uncias .III." [*Tractatus*]

"Il faut 7 mesures de cannelle, 6 mesures de gingembre, 6 de garingal, du nard, 3 clous de girofle, 3 poivres longs."

Préparation : 10 min.
Cuisson : 5 min.

Ingrédients

1 litre de vin blanc
100 g de miel
30 g d'épices en poudre
(cannelle, gingembre, poivre,
clous de girofle)

Préparation

Préparez une mignonette dans laquelle vous enfermez les épices.

Faites chauffer le vin à petit feu.

Ajoutez le miel et la mignonette.

Portez à ébullition.
Arrêtez au premier bouillon.

Retirez du feu, laissez refroidir.

Pressez la mignonette afin que les épices se répandent dans le liquide.

Laissez reposer et refroidir.
Mettre en bouteille.

Consommer quelques jours après.

LA MIGNONNETTE

Ce terme a perdu son sens premier pour ne garder de nos jours que le sens de poivre grossièrement moulu. À l'origine, la mignonnette est un petit sac de mousseline qui renferme diverses épices : muscade, gingembre, clous de girofle, cannelle… que l'on plonge dans une préparation et que l'on retire ensuite. Elle sert plusieurs fois.

LE GARINGAL

Le garingal est également appelé *galanga* au Moyen Âge. Cette plante de la même famille que le gingembre possède un rhizome comestible. Les épices de la cuisine médiévale des derniers siècles du Moyen Âge sont variées. Le safran, le gingembre et la cannelle arrivent en premier. Clous et poivre sont en bonne posture partout. Le garingal est une épice importante dans la gastronomie anglaise alors qu'il est franchement boudé par les Français. Le cumin n'est employé que par les Français.

CLARETUM

22

TORTAM DE LASSANIS

Tourte de lasagnes

L a tourte de lasagnes est un entremets avec un motif sur le dessus qui annonce déjà certains plats fastueux, faits spécialement pour les tables de princes.

"Si uis facere tortam de lassanis, pone lassanas, oua frissa uel lixa uel perduta et rauiolos incisos uel integros, caseum pinguem grattatum uel incisum, lardum sufficientem ; et hoc compone solaria faciendo, species apponendo. Et forma super istam de pasta unum serpentem preliantem cum columba, uel quecumque alia animalia uolueris. Deinde, accipe intestina implecta de bona impletura et ponatur in circuitu quasi murus. Tunc solaria coloretur pro uoluntate et ponantur in furno. Postea, portetur coram domino cum pompa."

[*Liber de Coquina*]

Préparation : **30 min.**
Cuisson : **45 min.**

Ingrédients
pour 8 personnes

1 pâte brisée rectangulaire
5 plaques de lasagnes fraîches
1 saucisse fine
200 g de pancetta ou jambon du pays
200 g de mozzarella et son lait
12 raviolis aux légumes
3 œufs durs coupés en tranches
Épices (gingembre, cannelle, muscade)

"Si tu veux faire une tourte de lasagnes, prends des lasagnes, des œufs frits ou bouillis ou pochés et des raviolis coupés en morceaux ou entiers, du fromage gras râpé, du lard en quantité suffisante. Dispose ces ingrédients en couches successives, ajoute des épices. Mets au-dessus un cordon de pâte façonné en forme de serpent s'attaquant à une colombe ou à n'importe quel autre animal de ton choix. Ensuite, prends un boyau rempli de bonne farce et pose-le autour de la tourte, comme un mur. Colore les couches comme tu veux et place la tourte au four. Puis présente-la au maître avec solennité."

Préparation

Faites pocher la saucisse dans de l'eau de façon à éliminer la graisse et faites-la revenir à la poêle pour qu'elle dore.

Disposez du papier sulfurisé dans un moule rectangulaire.

Placez la pâte brisée dans le fond, piquez-la avec la fourchette.

Mettez la saucisse sur les bords.

Disposez quelques raviolis, les œufs débités en tranches, la pancetta, la mozzarella.

Saupoudrez d'épices, recouvrez d'une pâte à lasagnes et recommencez l'opération autant de fois que vous avez de farce.

Versez le lait de la mozzarella dans la tourte de façon à humidifier.

Finissez par une lasagne que vous dorez au jaune d'œuf.

Préchauffez le four.

Pendant ce temps, avec un cordon de pâte brisée, faites la décoration au sommet de la tourte.

Réalisez un serpent avec au-dessus de lui un oiseau comme le suggère l'auteur.

Faites cuire la tourte 45 minutes à 180° ou davantage si nécessaire. ∎

Le Liber de Coquina

(vers 1306)

Le *Liber de Coquina*, rédigé en Italie à la cour des contes angevins qui règnent sur le royaume de Naples, est marqué autant par l'influence du modèle méditerranéen que par le modèle capétien.

Le modèle méditerranéen se retrouve surtout dans les recettes de pâtes alimentaires qui apparaissent déjà dans le *De re coquinaria* d'Apicius ainsi que dans les manuscrits arabes du Haut Moyen Âge sous le terme *itriyya*. Leurs recettes ne seront pas reprises plus tard, la cuisine de la France et de l'Europe du Nord les ignorant dans le *corpus* de recettes.

Les recettes capétiennes y figurent avec différents brouets : « *brodio provincialico, brodio martino, brodio theutonico, brodio gallico, brodio sarracenio* », dont l'appellation fait référence à des régions ou à des pays. Le blanc manger y est présent, réalisé avec du poulet, du lait d'amande et du riz. Les principales sauces médiévales y sont représentées : sauce cameline, verte, au poivre, blanche. L'auteur visant un large public consacre une place notable aux légumes et aux légumineuses, tous deux consommés dans les milieux modestes et s'intéresse également à des entremets élaborés réservés aux classes riches. ∎

SARDAS SIC FACIES

23

SCAPETA PISCIUM
Escavèche

Les poissons cuits au préalable sont mis à mariner pendant deux jours dans une sauce qui forme une gelée. Saveur et couleur sont données par les épices.

"De scapeta piscium: ad scabetiam, recipe piscem bene lotum, sicut decet, et cum oleo habundanti frige. Postmodum infrigidatur. Deinde, cepas incisas per transuersum frige in oleo remanenti. Postea, habeas uuas siccas, zenula et pruna, et frige cum cepis predictis simul, et oleum superfluum tollatur. Accipe ettiam electas species et safranum : tere bene simul cum amigdalis mondatis et distempera cum uino et aceto moderato posito, ne sit nimis acrum. Tunc misce simul cum aliis [...] Postea, pone super ignem quouusque bulliat et statim depone. Et cum piscis in cissorio concauo ordinatus fuerit, saporem predictam sparge desuper." [Liber de Coquina]

"Pour l'escavèche, prenez du poisson bien lavé, comme il convient, faites-le frire dans beaucoup d'huile. Laissez-le refroidir. Ensuite, faites frire des oignons coupés menu dans l'huile qui reste.

(photo Pixabay, Creative Commons.)

LA CONSERVATION DES ALIMENTS

La prise en gelée des mets est un excellent moyen de conservation des produits frais. Gelée, galentine, (ou galantine), chaudumée, escavèche (ou escabèche) sont des préparations proches les unes des autres, essentielles dans la cuisine médiévale. La première recette est donnée dans *Le Liber de Coquina*, puis dans l'ouvrage catalan *Le Libre de Sent Soví* datant de 1324 et aussi dans *Le Mesnagier de Paris*.

Le goût pour les préparations à base de vinaigre remonte à l'Antiquité gréco-latine. Les textes arabes en énoncent également plusieurs recettes. Le mot *escavèche* ou *escabèche* viendrait de *sikbaj* ou *sakbaj* issu du persan *sikba* signifiant *vinaigre* et *ba*, *nourriture*. ∎

Puis ayez des raisins secs, des pruneaux et faites-les frire avec les oignons précédemment cités dès que vous avez ôté l'excédent d'huile. Prenez aussi des épices bien choisies ainsi que du safran bien pilé, ajoutez des amandes mondées et détrempez le tout avec du vin et du vinaigre en dosant de telle sorte que l'appareil ne soit pas trop aigre. Mélangez bien le tout [...] Portez à ébullition, retirez aussitôt. Disposez les poissons dans un plat creux et versez la sauce au-dessus."

Préparation

Achetez des sardines déjà préparées sans arêtes, ni tête.

Faites-les revenir dans de l'huile, ôtez-les, laissez-les s'égoutter sur du papier absorbant.

Dans une poêle, versez un peu d'huile, faites revenir l'oignon émincé ainsi que les raisins secs et les pruneaux coupés en dés.

Pendant ce temps, dans une casserole, faites chauffer le vin et le vinaigre.

Portez à ébullition de façon à ce que les vapeurs d'alcool s'échappent.

Mettez l'oignon, les raisins secs et les pruneaux, les épices, la poudre d'amandes.

Laissez cuire à feu doux quelques minutes en remuant.

Versez cet appareil dans un plat où vous avez disposé les poissons.

Laissez refroidir.
Couvrez avec un papier sulfurisé.

Placez au réfrigérateur pendant deux jours. ∎

VI

La deuxième partie du siècle est marquée par deux ouvrages emblématiques : *Le Viandier* et *Le Mesnagier de Paris*.

Le Viandier est le livre phare du Moyen Âge. Son succès immédiat provient du fait que son auteur n'est plus un anonyme mais un cuisinier, **Maître *Taillevent*,** au service de **Charles V.** L'ouvrage destiné à un groupe social privilégié, celui des nobles, témoigne d'un modèle de repas gastronomique composé de plusieurs services. Ce modèle, qui évoluera avec les époques, les modes, sera inscrit en 2010 sur la liste du patrimoine immatériel de l'Unesco. Né avec *Taillevent*, il se perpétue dans l'histoire et trouve une consécration méritée.

Le Mesnagier de Paris, paru quelques années plus tard, est lui aussi un livre important. L'auteur reprend les recettes de son prédécesseur en les adaptant à une classe sociale moins fortunée mais en pleine ascension : la bourgeoisie.

Les deux œuvres se complètent. Elles proposent des recettes pour toutes les occasions : fêtes gourmandes, fêtes familiales, circonstances exceptionnelles, repas simples, tous ces moments conviviaux où l'on partage un bon repas. ▪

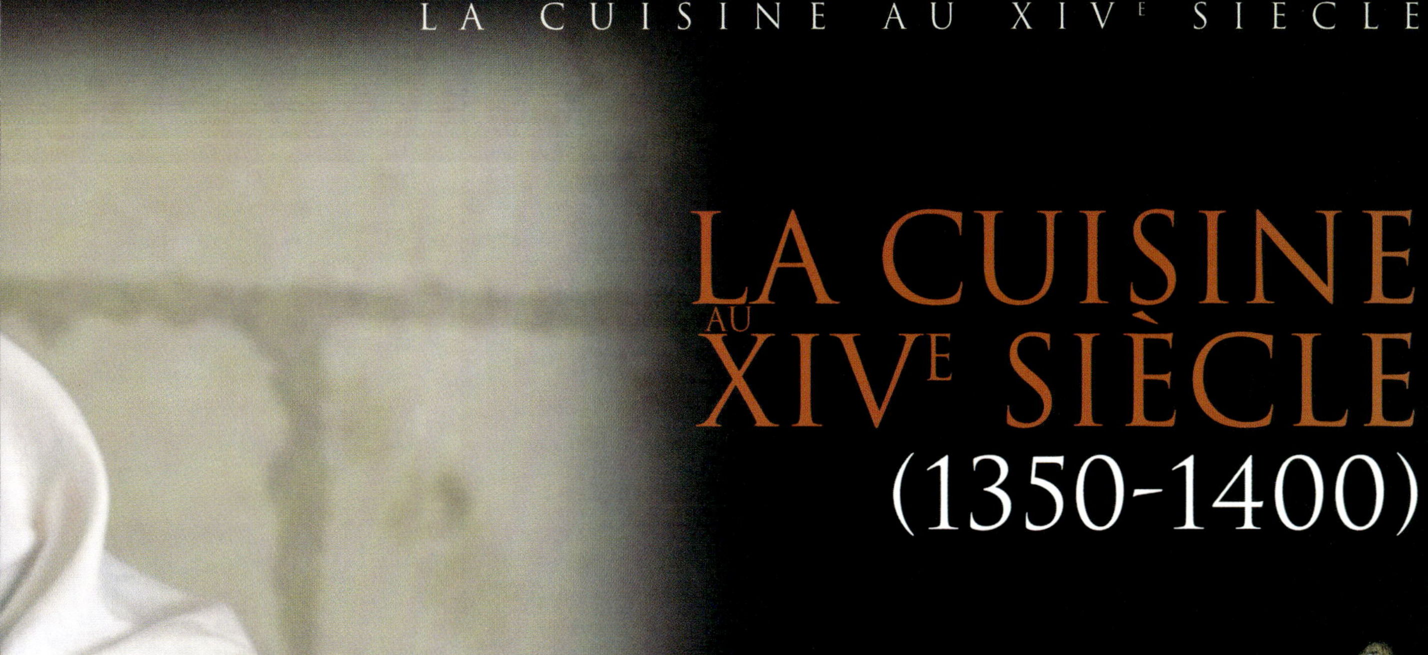

LA CUISINE AU XIVE SIÈCLE
(1350-1400)

Le Viandier
(1373)

On doit la connaissance du *Viandier* à deux bibliophiles passionnés, le **baron Pichon**, président de la Société des Bibliophiles et le gastronome **Georges Vicaire**. Ils le publient en 1892, s'appuyant dans leur édition sur un manuscrit conservé à la BnF et sur une version imprimée, n'étant pas au courant qu'il existe deux autres manuscrits du *Viandier*.

Taillevent est le sobriquet de **Guillaume de Tirel**. L'habitude de donner des surnoms est coutumière dans les groupes, le sobriquet étant plus facile à retenir que le nom. Né en 1310-1315, *Taillevent* serait mort en 1395, après une longue vie bien remplie dans une époque où une longévité pareille était inhabituelle. Il a connu quatre règnes, ceux de **Charles IV**, de **Philippe VI**, de **Charles V** et de **Charles VI**.

Le *Viandier* a été composé sous le règne de Charles V, à la demande du roi qui, bien que n'aimant pas les apparats, désirait que la cuisine soit une affirmation du pouvoir. On répertorie aujourd'hui trois manuscrits du *Viandier*, que l'on nomme d'après le lieu où ils sont conservés : le manuscrit de la Bibliothèque nationale de France, celui de la Bibliothèque Mazarine, celui du Vatican, ainsi qu'une version imprimée. Le seul que l'on puisse réellement attribuer à *Taillevent* est le manuscrit conservé à la Bibliothèque nationale de France.

Le texte du manuscrit de la Bibliothèque nationale de France est composé vers 1373-1380, *Taillevent* ayant alors entre 60 et 70 ans. Il comprend cent quarante-cinq recettes et débute ainsi : *"Cy comence le Viandier de Taillevent Maistre queux du Roy nostre sire pour ordonner les viandes qui cy après s'ensumivent."*

Le texte du manuscrit de la bibliothèque Mazarine a été composé par un copiste anonyme après la mort de *Taillevent*, entre 1444 et 1456. Il est la reproduction du premier manuscrit, celui de la BnF, enrichi de quelques recettes.

Le manuscrit du Vatican date des années 1450-1457. Trois parties sont ajoutées par rapport aux deux manuscrits précédents : une concernant les vins, une autre relative à des recettes prestigieuses élaborées lors des grands banquets, enfin une dernière décrivant les décors des spectacles exécutés par des acteurs pendant le repas. Seule la partie relative aux recettes est une copie du texte de *Taillevent*. Les ajouts sont dus à des anonymes.

La version imprimée date 1486, les recettes y sont davantage détaillées et même modifiées. ∎

24

BLANC MENGIER

Blanc-manger

Ce plat emblématique se retrouve dans tous les manuscrits culinaires de la France et de l'Europe. Il est décliné dans toutes les langues avec des variantes selon les pays.

Il s'agit d'un entremets sucré à base de blanc de poulet et d'amandes. Le blanc manger est aujourd'hui un mets original par l'alliance de poulet associé à du sucre. Il mérite d'être cité car il est un des plats indispensables du répertoire culinaire médiéval.

"Blanc-mengier de chapon pour un malade. Cuisez en eau, broyez une grande quantité d'amandes, du blanc de chapon, diluez avec votre bouillon, passez à l'étamine ; faites bouillir suffisamment pour qu'il soit assez épais pour être coupé, versez dans une écuelle ; répandez une demi-douzaine d'amandes pelées sur la moitié de l'écuelle, sur l'autre moitié des pépins de grenade et du sucre." [Le Viandier]

"Blanc manger de poulet pour un malade. Faites-le cuire dans de l'eau, broyez une grande quantité d'amandes, du blanc de poulet, diluez le tout dans le bouillon. Passez à l'étamine. Faites bouillir suffisamment jusqu'à ce que l'appareil devienne épais pour qu'il puisse être coupé. Versez-le dans une écuelle. Répandez une demi-douzaine d'amandes pelées sur la moitié du plat et des pépins de grenade sur l'autre moitié avec du sucre."

Préparation : 15 min.
Cuisson : 3 min. + 5 min.
Temps de repos : 1h30

Ingrédients

2 filets de poulet (250 g environ)
25 cl d'eau
2 cuillerées à soupe de crème de riz
2 cuillerées à soupe de poudre d'amandes
4 cuillerées à soupe de sucre
1/2 grenade
Amandes effilées

Préparation

Mettez les blancs de poulet dans une cocotte à fond large.

Recouvrez-les d'eau.

Couvrez, portez à ébullition et faites cuire pendant 3 minutes.

Ôtez la cocotte du feu, laissez refroidir à couvert pendant 1 heure 30.

Égouttez-les blancs, broyez-les.

Dans le liquide de pochage, ajoutez la poudre d'amandes, la crème de riz diluée au préalable dans un peu de liquide refroidi ainsi que le poulet.

Laissez cuire doucement sans cesser de remuer.

L'appareil doit être épais.

Divisez le mets en deux.

Sur l'une des parts saupoudrez, d'amandes effilées, sur l'autre, disposez des graines de grenade.

Saupoudrez de sucre. ▮

UN METS POUR LES MALADES

Les manuscrits culinaires médiévaux laissent toujours une place à la nourriture pour les malades. À base de blanc de poulet ou de poule, le blanc-manger en fait partie. Le sucre, étant considéré au Moyen Âge comme un médicament, entre dans sa composition. Le blanc-manger doit être blanc comme son nom l'indique, le blanc étant le symbole de la pureté. La recette a été oubliée pendant des siècles puis on a remplacé le blanc de poulet par de la gelée aromatisée au lait d'amande et même aujourd'hui au lait de coco. ▮

BLANC MENGIER

CIVÉ D'ALMENGNE
Ragoût d'œufs

Préparation : **20 min.**
Cuisson : **8 min.** (velouté)

Ingrédients

- 2 oignons moyens
- 15 cl de lait d'amande
- Poudre d'amandes
- 1 cuillerée à café de gingembre
- 1/2 cuillerée à café de cannelle
- 2 clous de girofle
- 1/2 cuillerée à café de graines de paradis
- 1 pincée de safran
- 1 cuillerée à café de vinaigre blanc
- 4 œufs
- Huile, sel, poivre

Les épices variées confèrent à ce ragoût d'œufs au lait d'amande des saveurs subtiles. Le mets témoigne du goût immodéré de l'époque pour les épices.

"Des œufs pochiés en huille et lait d'almendes boulli et oingnons par rouelles fris, et boulli tout ensemble ; affinéz gingenbre, canelle, girofle, graine de paradis et saffren destrempé de verjus, sans trop boulir ; soit bien liant et non trop jaune."* [Le Viandier]

"Faites pocher les œufs dans de l'huile, ayez du lait d'amande bouilli, des rondelles d'oignons frits et faites bouillir le tout ensemble. Épluchez le gingembre, ayez de la cannelle, des clous de girofle, de la graine de paradis et du safran, le tout délayé dans du verjus. Ajoutez les épices avec le vinaigre mais sans faire bouillir. Il faut que le plat soit bien lié et que la couleur ne soit pas trop jaune."

Préparation

Velouté :

Faites frire les oignons.
Faites chauffer le lait d'amande.
Plongez-y les oignons, ajoutez les épices.
Laissez réduire doucement.
Mixez, remettez sur le feu.
Vous pouvez ajouter la poudre d'amandes pour épaissir la sauce.
Au dernier moment, ajoutez un filet de vinaigre.

Œufs pochés :

Dans une casserole contenant de l'huile chaude et frémissante, cassez l'œuf au-dessus.
Faites-le pocher en ramenant le blanc tout autour.
Ôtez-le, égouttez-le. Recommencez l'opération pour chaque œuf.
Présentez chaque œuf entouré d'un cordon de velouté. ▮

(photo Pixabay, Creative Commons.)

LE LAIT D'AMANDE

Le lait d'amande se trouve facilement dans le commerce. On peut aussi le réaliser soi-même. Il est plus digeste que le lait de vache. C'est le liquide des jours maigres.

Façon traditionnelle

Mondez les amandes, pilez-les au mortier en ajoutant peu à peu de l'eau ou du bouillon de poule ou de légumes. Mettez le mélange au-dessus d'un saladier dans un linge résistant, tordez pour recueillir le liquide.

Façon rapide

Remplacez les amandes mondées par de la poudre d'amandes. Portez l'eau ou un bouillon à ébullition avec la poudre d'amandes, réduisez le feu. Laissez infuser 10 mn. Passez au chinois. ▮

GALIMAFRÉE

Poulet sauce cameline

Préparation : **20 min.**
Cuisson : **10 min.** (poulet)
+ **15 min.**

Ingrédients

2 filets de poulet
2 gros oignons
2 cuillerées à soupe de saindoux
4 cuillerées à soupe de vin rouge
2 cuillerées à soupe de vinaigre rouge
1 cuillerée à café de gingembre
Eau,
Sel, poivre

Bien qu'il s'agisse d'un plat très connu, la recette de la galimafrée n'est donnée que par Taillevent. Il en est souvent ainsi des plats courants, tout le monde sait les faire et les maîtres queux ne jugent pas nécessaire de les consigner dans leurs livres. Taillevent a fait une exception.

"Pour galimafree, soient prises poulailles ou chapons rotis et taillés par pièces et après que fris à sain de lart ou d'oye ; et quant sera frit, y soit mys vin et vert jus et pour espices, mettès de la poudre de gingembre et pour la lyer cameline et du sel par raison."

[*Le Viandier*]

"Pour la galimafrée, il vous faut des poules ou des chapons rôtis et taillés en morceaux, ensuite vous les faites revenir dans du saindoux ou de la graisse d'oie. Quand ils sont frits, vous ajoutez du vin et du verjus et comme épices, vous mettez du gingembre en poudre. Pour lier, vous servez avec de la sauce cameline et vous salez à point."

Préparation

Faites cuire les filets sur ses deux faces. Comptez 10 minutes environ.

Faites suer les oignons dans le saindoux.

Ajoutez le poulet coupé en dés, le vin, le vinaigre et le gingembre râpé.

Versez un peu d'eau ou encore du vin pour éviter que l'appareil attrape.

Couvrez et faites cuire doucement à couvert pendant 15 minutes.

Salez, poivrez. ▮

(photo Shutterstock.)

GALIMAFREE

CAMELINE
Sauce cameline

La cameline est déclinée au Moyen Âge selon deux versions : crue ou cuite. La cameline cuite avec un bouillon de viande est moins acide et plus conforme à nos goûts d'aujourd'hui.

Cette sauce accompagne toutes les viandes et aussi la galimafrée, venant renforcer son goût.

"Pour faire une quarte (25 cl) *de cameline, hallés du pain devant le feu bien roux, et qu'il ne soit point brulé. Et puis le mettés tramper en vin vermeil tout pur en ung pot neuf, ou en ung plat, et puis, quand il sera trampé, le passés par l'estamine avec vin vermeil. Et puis prenés une choppine (47 cl) de vin aigre et ung quarteron (1/4) de synamome, une unce (30 g) de gingembre et ung quart d'once (7 g) de menues espices, et saler de bonne sorte ; passés le pain et espices par l'estamine, et mettés en ung beau pot."* [Le Viandier]

"Pour obtenir 25 cl de cameline, faites griller du pain jusqu'à ce qu'il prenne une couleur rousse, mais il ne faut pas qu'il brûle. Mettez-le à tremper dans du vin rouge dans un pot tout neuf ou dans un plat. Quand il est bien trempé passez à l'étamine avec le vin. Prenez une chopine de vinaigre et ¼ de cannelle, une once de gingembre et un quart d'once d'autres épices. Salez. Passez encore le tout à l'étamine et versez dans un pot."

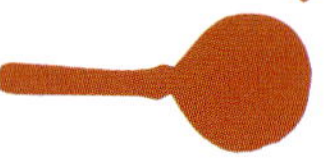

Préparation : 10 min.
Cuisson : 25 min.

Ingrédients

- 4 tranches de pain
- 7 cl de vinaigre de vin rouge
- 2 cuillerées à café de cannelle
- 1 cuillerée à café de gingembre râpé
- 3 clous de girofle
- 4 graines de paradis
- 1/2 cuillerée à café de noix de muscade en poudre
- 1 poivre long
- 20 cl de bouillon de volaille
- 7 cl de vin rouge
- Sel

La chopine équivaut à 47 cl, l'once représente le seizième d'une livre soit environ 30 g, le quarteron est le quart d'une substance.

L'étamine est une mousseline de tissu fin, remplacée aujourd'hui par le chinois.

Préparation

Faites griller les tranches de pain.

Émiettez-les. Faites-les tremper dans le vin. Broyez-les ensuite en conservant le vin.

Délayez les épices dans le vinaigre.

Versez le mélange bouillon de viande, vin et pain broyé ainsi que le vinaigre dans une casserole à fond épais.

Donnez un tour de bouillon et faites réduire de moitié en réduisant le feu.

Comptez 25 minutes en surveillant.

Salez modérément.

Remuez jusqu'à obtention d'un mélange onctueux.

Broyez et passez au chinois.

(photo Pixabay, Creative Commons)

LA CAMELINE

La cameline est la sauce emblématique du Moyen Âge réalisée avec de nombreuses épices, toutefois la cannelle domine. C'est une sauce de couleur brune obtenue grâce à la teinte du pain grillé, grâce au vin rouge et à l'emploi de la cannelle. Elle a la couleur de la robe du chameau *camelus*. La couleur brune possède comme toutes les couleurs une dimension symbolique. Elle est en référence avec le thème du péché pris en charge par le Christ à sa mort mais en vue d'une vie nouvelle grâce à la religion. Ce n'est pas une couleur négative, au contraire elle est porteuse d'espoir.

CAMELINE

COMMINEE DE POISSON

Poisson sauce cumin

Préparation : **5 min.**
Cuisson : **10 min. + 10 min.**

Ingrédients

1 filet de poisson par personne
ou 1 truite par personne

25 cl de lait d'amande

2 cuillerées à soupe de cumin
en poudre

1 cuillerée à café de gingembre râpé

1 cuillerée à soupe de vinaigre

Amandes effilées (décoration)

Sel, poivre

L e poisson cuit dans du lait d'amande est un plat de jour maigre par excellence. Saveur et couleur sont conférées par le cumin. Ce plat se sert avec un riz nature.

"Cuit en aue ou frit en huille. Pren-nés almendes destrempées de vostre boullon ou de purée de pois ou d'eaue boullie, et en faites du lait et métés boullir. Prennés gingenbre et comin defait de vin et de verjus, et metés boul-lir aveques vostre lait ; et il y fault du succre." [Le Viandier]

"Poisson cuit dans de l'eau ou frit dans de l'huile. Prenez des amandes, mouillez-les avec du bouillon ou de la purée de pois ou de l'eau bouillie et faites du lait d'amande que vous met-tez à bouillir. Prenez du gingembre et du cumin mouillés avec du vin et du verjus. Faites bouillir avec le lait. Il faut aussi du sucre."

Préparation

Faites pocher les filets dans le lait d'amande.
Ôtez-les. Réservez-les au chaud.

Ajoutez les épices délayées dans le vinaigre au liquide de cuisson.

Portez à ébullition et faites réduire à feu doux. Salez, poivrez.

Dressez en présentant les filets ou les poissons décorés d'amandes effilées grillées.

LA COMMINEE

Plat emblématique, la comminee tient son nom du cumin, ingrédient indispensable. Il existe des comminee de volaille ou de poisson.

Le cumin est une plante herbacée qui ressemble à la carotte, au panais, puisque ces plantes font partie de la même famille, celle des ombellifères. Utilisées en cuisine, les graines assez petites, d'un brun jaunâtre ou verdâtre, parfument mer-veilleusement les mets. Préférez les graines que vous broierez vous-même à la poudre déjà pré-parée.

TARTRES DE POMES

Tourte aux pommes

Préparation : 20 min.
Cuisson : 1 heure au four

Ingrédients
pour 8 personnes

2 pâtes brisées
4 pommes
4 figues sèches
2 oignons blancs
Beurre
10 cl de vin blanc doux
1 poignée de raisins secs
20 g de beurre
1 dose de safran
1 cuillerée à café de cannelle
1 pincée de gingembre
1 jaune d'œuf pour la dorure

Le mélange d'oignons, de pommes fraîches, de figues et de raisins secs est intéressant pour ce dessert d'automne. Le sucre, du fait de l'emploi de fruits secs, n'entre pas dans sa réalisation. Il s'agit d'une tourte plutôt que d'une tarte puisqu'il y a deux abaisses de pâte. Servez-la tiède.

"Despeçés par pièces et mises figues et raisins bien nettoyés et mys parmy les pommes et figues et tout meslé ensemblle et y soit mys de l'oignon frit au beurre ou a l'uyle et du vin et la part de pommes broyés et destrempés de vin et soient assemblées les autres pommes broiés mises avec le surplus et du saffran dedens un peu de menues espices, synamome et gingembre blanc, anys et pygurlac qui en aura et soient faictes deux grans abaisses de paste et toutes les mistions mises ensemble, fort broiées à la main sur le pasté bien espès de pommes et d'aultres mistions et après soit mis el couvercle dessus et bien couverte et dorée de saffran, et mise au four, et fait cuyre." [Le Viandier]

"Découpez les pommes en morceaux, ayez des figues et des raisins, de l'oignon frit au beurre ou à l'huile, ainsi que du vin. Mettez une moitié de pommes coupées en morceaux dans le vin et broyez l'autre moitié avec le mélange précédent. Ajoutez du safran, quelques épices, à savoir de la cannelle et du gingembre blanc, de l'anis, des pignons de pin pour celui qui en aura. Faites deux grandes abaisses de pâte, et une fois tous les ingrédients mis ensemble et bien mélangés à la main, disposez-les dans le pâté, et après mettez une autre abaisse comme couvercle pour bien fermer. Dorez au safran et faites cuire au four."

Préparation

Coupez 2 pommes en lamelles et les figues en petits morceaux.

Émincez les oignons.

Faites revenir doucement les pommes, les figues, les oignons dans le beurre, sans coloration.

Ajoutez 5 cl de vin.

Laissez mijoter à découvert en surveillant.

Taillez les deux autres pommes.

Faites-les cuire à découvert doucement dans une casserole avec le reste du vin et les raisins secs pendant 20 minutes.
Écrasez bien les pommes avec une fourchette.

Colorez avec le safran, ajoutez la cannelle et le gingembre. Mélangez.

Faites deux abaisses de pâte, une plus grande que l'autre.

Foncez un moule beurré avec la plus grande.

Remplissez avec l'appareil à pommes et raisins secs.

Ajoutez le mélange figues, pommes et oignons.

Recouvrez avec la deuxième abaisse.

Soudez les bords avec les doigts mouillés.

Dorez au jaune d'œuf.

Enfournez 60 minutes à 180° dans un four préalablement chauffé.

PIPEFARCES
Beignets au fromage

Préparation : 30 min.
Cuisson : 5-6 min.
Temps de repos : 1 heure

Ingrédients
pour 20 beignets environ

125 g de fromage de chèvre
Pâte à beignets
125 g de farine
2 jaunes d'œufs
25 cl de vin blanc
Huile pour friture
Persil, Sel

Le terme évoque des beignets en forme de tubes. Utilisez un fromage de votre choix, plutôt gras.

"Prenez des moyeux d'œufz et de la fleur de sel et ung pou de vin et datez fort ensemble, et du frommage trenché par lesches. Et puis toulliez les lesches de frommage dedens la paste et puis la frisiez dedens une paelle de fer et du saing dedens." [*Mesnagier de Paris*]

"Prenez des jaunes d'œufs et de la fleur de sel, un peu de vin et mêlez tout ensemble. Ayez du fromage coupé en tranches. Mettez les tranches de fromage dans la pâte et faites revenir dans une poêle en fer avec du saindoux dedans."

Préparation

Préparez la pâte 1h avant la réalisation du plat.

Cassez les œufs, ne gardez que les jaunes. Battez-les.

Ajoutez la farine et le sel. Versez le vin blanc au fur et à mesure que vous mélangez.

Travaillez la pâte jusqu'à ce qu'elle devienne lisse.

Laissez reposer.

Coupez le fromage en lamelles.

Trempez-les dans la pâte à beignets.

À l'aide d'une cuillère prenez une petite quantité de cet appareil.

Plongez-la dans l'huile frémissante et non fumante.

Ne mettez que trois ou quatre cuillerées à la fois dans l'huile.

Renouvelez l'opération tant que vous avez de la pâte.

Retirez les beignets, épongez-les sur du papier absorbant.

Faites frire le persil finement ciselé.

Disposez les beignets en pyramide avec une décoration de persil frit.

Le Mesnagier de Paris
(1392-1394)

La société subit des transformations. Avec le développement du mode de vie urbain, une nouvelle classe sociale se développe occupant une place de plus en plus importante. Cette classe, désirant rivaliser avec la noblesse, s'offre les services de cuisiniers confirmés. Cependant les moyens pécuniaires de la bourgeoisie étant plus limités, le maître de maison tient les comptes. Il demande à son personnel de savoir lire, écrire et compter, ce qui fait que le passage de l'oral à l'écrit se fait peu à peu jusque dans le domaine culinaire. *Le Mesnagier de Paris* écrit par un bourgeois du XVᵉ siècle est, à l'instar du *Viandier*, emblématique du Moyen Âge puisque l'auteur y reprend les recettes de **Taillevent** mais les complète, les détaille, les élargit de façon à les destiner à la bourgeoisie.

Le titre pose des problèmes d'interprétation. Le terme *Mesnagier* peut désigner l'auteur lui-même qui s'est *"mis en ménage"* ou alors *"l'ensemble des soins à apporter à une maison"*. Le complément de nom *Paris* viendrait ajouter la précision sur l'endroit où l'auteur réside. Les Anglais traduisent le titre français par *The Goodman of Paris* signifiant *Le maître de maison de Paris*.

L'ouvrage a été découvert en 1843 par Jérôme Pichon qui l'a acheté dans une salle de ventes et l'a publié en 1846.

LES BEIGNETS

Les beignets sont présents dans les banquets. Il existe des beignets réalisés avec toutes sortes d'ingrédients : du poisson, des figues, des raisins secs, du fromage…

La pâte à frire est faite de plusieurs façons : avec des œufs et du lait, avec du lait uniquement ou avec de la bière.

TOURTE AUX HERBES ET FROMMAGES

Tourte d'herbes aux deux fromages

Cette tourte fait appel à des nombreux légumes verts et herbes aromatiques. Proposez-la au printemps. Elle peut être considérée comme un plat complet, le fromage entrant dans sa réalisation.

"Prenez quatre pongnées de bettes, deux poignées de percil , une pongnée de cerfueil, un brain de fanoil et deux pongnées d'espinoches d'épinards), et les eslisez et lavez en eaue froide, puis hachiez bien menu : puis broyez de deux paires de frommages, c'est assavoir du mol et du moïen et puis mettez des oeufs avec ce, moyeu et aubun, et les broyez parmi le frommage ; aussi mettez-y de la poudre fine [...]Et portez au four, et puis faites faire une tartre et la mengez chaude."   [Mesnagier de Paris]

"Prenez quatre poignées de blettes, deux poignées de persil, une poignée de cerfeuil, un brin de fenouil et deux poignées d'épinards. Triezles, lavez-les dans de l'eau froide et hachez-les menu. Puis broyez deux sortes de fromage, du mou et du moyen, ajoutez des œufs, le jaune et le blanc et battez-les avec le fromage. Ajoutez de la poudre fine [...] Portez au four. Faites une tarte et mangez-la chaude."

Préparation : 20 min.
Cuisson : 40 min.

Ingrédients
pour 6 personnes

2 pâtes brisées
2 poignées de feuilles d'épinards
2 feuilles de blettes
1/2 bouquet de persil
8 œufs
125 g de fromage de chèvre
125 g de brie
1 cuillerée à soupe d'un mélange d'épices en poudre
1 jaune d'œuf (dorure)
Sel, poivre

Préparation

Triez les légumes et les herbes, ôtez les côtes.

Lavez-les, égouttez-les, hachez-les finement.

Dans un saladier, battez les œufs et ajoutez les herbes et les légumes.

Ajoutez le fromage de chèvre et le brie réduit en purée.

Remuez le tout.

Versez les épices réduites en poudre.

Salez, poivrez.

Foncez un moule à tarte, piquez la pâte avec la fourchette et versez l'appareil.

Préchauffez le four à 220°.

Disposez la 2e abaisse de pâte.
Dorez au jaune d'œuf.

Enfournez à 180° pendant 40 minutes ou plus si nécessaire. ▮

LES TOURTES

Les tourtes sont la grande invention du Moyen Âge. Comme les pâtés, elles sont cuites chez les pastissiers. Elles sont faciles à manger avec les mains. Les ingrédients peuvent être divers : légumes et herbes aromatiques, viande, poisson, fruits.

Le terme *tourte* n'est pas encore bien défini, les auteurs emploient parfois *tarte* à la place de *tourte*. Aujourd'hui les deux termes sont précisés, la tourte est faite de deux abaisses de pâte. ▮

(photo Shutterstock)

TON POIVRE JAUNET

Thon sauce au safran

Les poissons sont bien représentés dans les recueils médiévaux car ils sont servis en période de jeûne. Notons que la baleine était considérée comme un poisson.

"Ton est un poisson qui est trouvé en la mer ou estans marinaulx des parties de Languedoc, et n'a aucunes arestes fors l'eschine, et a dure pel, et se doit cuire en eaue et se mengue au poivre jaunet." [*Mesnagier de Paris*]

"Le thon est un poisson de mer que l'on pêche surtout vers le Languedoc. Il n'a pas d'arête sauf l'arête centrale mais il a la peau dure. On le cuit dans de l'eau et on le mange à la sauce au safran."

Préparation : **20 min.**
Cuisson : **10-15 min.** (thon)
+ 5 min. (sauce)

Ingrédients

4 tranches de thon

Sauce

1 tranche de pain de campagne
25 cl de bouillon de viande
1 cuillerée à café de gingembre
Plusieurs filaments de safran
2 cuillerées à soupe de vinaigre
Sel

Préparation

Ôtez la croûte du pain. Faites griller la tranche. Coupez-la en deux.

Versez le bouillon tiédi dans un plat creux. Disposez-y le pain. Laissez-le ramollir.

Écrasez-le ensuite à la fourchette. Ajoutez les épices. Salez.

Versez le vinaigre et un peu d'eau.

Mettez cet appareil dans une casserole et faites chauffer à feu vif, sans cesser de remuer.

Passez la sauce au mixer pour lui donner un aspect velouté.

Faites pocher le thon dans une grande casserole d'eau.

Portez à ébullition et faites cuire à petit bouillonnement de 10 à 15 minutes.

Disposez le thon entouré d'un cordon de sauce. ▮

LA SAUCE AU POIVRE JAUNET

Le poivre est l'une des épices phares de l'Antiquité et du Moyen Âge. Devenu une épice de consommation courante, il fut pendant des siècles une denrée précieuse : posséder du poivre c'était à détenir une véritable fortune.

Toutefois la recette ne fait pas appel au poivre mais au safran. L'expression **poivre jaunet** signifie *sauce au safran*, la confusion étant due à une large utilisation du poivre dans les sauces qui fait que le terme *poivre* dans ce cas est synonyme de sauce.

Le safran est l'une des épices les plus estimées au Moyen Âge qui fournit non seulement une saveur particulière mais confère aux plats un jaune éclatant. L'épice est obtenue à partir du *crocus sativus*, une plante bulbeuse, haute d'une quinzaine de centimètres. Le terme *safran* vient de l'arabe qui signifie *filament* désignant les trois stigmates rouges du pistil de la fleur de crocus. Il faut 200 000 fleurs pour obtenir 300 g de safran et l'opération s'effectue à la main. C'est de ce fait une épice fort onéreuse. ▮

(photo Creative Commons)

PORÉE BLANCHE

Purée de blancs de poireaux

Préparation : **15 min.**
Cuisson : **30 min.** (poitrine)
+ 30 min. (appareil à poireaux)

Ingrédients
pour 6 personnes

150 g de poitrine salée
400 g de blancs de poireaux
150 g d'oignons
50 cl de lait
50 g de mie de pain rassis
Huile, Sel

Ce plat populaire, peu coûteux, témoigne d'un goût pour la recherche du naturel en cuisine qui se relève assez rarement au Moyen Âge mais qui se manifestera surtout dans les siècles suivants.

"Porée blanche est dicte ainsi pour ce qu'elle est faite du blanc des poreaux, à l'eschinée, à l'andoulle et au jambon, ès saisons d'automne et d'iver, à jour de char [...] Et premièrement l'en eslit, lave, mince et esverde les poreaux, c'est assavoir en esté, quant iceulx poreaux sont jeunes [...] puis mettre tout cuire en un pot et du lait de vache, se c'est en charnage et à jour de poisson et se c'est en karesme, l'en y met lait d'amandes [...] Nota que aucunesfois à poreaux, l'en fait lioison de pain."
[Mesnagier de Paris]

"La porée blanche est appelée ainsi parce qu'elle est réalisée à partir du blanc de poireau, avec l'échine, l'andouille et le jambon, en automne et en hiver, les jours gras [...] D'abord triez, lavez, coupez, émincez et ébouillantez les poireaux qui sont jeunes, notamment en été [...] Ensuite, il faut faire frire les poireaux avec les oignons déjà frits et mettre le tout à cuire dans un pot avec du lait de vache en temps gras. Si c'est jour maigre ou en période de carême, faire cuire dans du lait d'amande [...] Notons qu'on fait parfois une liaison de pain avec les poireaux."

Préparation

Choisissez de préférence des petits poireaux.

Lavez-les poireaux, ne gardez que le blanc.

Faites pocher la poitrine salée dans de l'eau bouillante pendant 30 minutes. Réservez-la.

Épluchez les oignons, émincez-les.

Faites-les frire pendant 5 minutes dans une poêle avec un peu d'huile en évitant qu'ils brunissent.

Ajoutez les poireaux égouttés et coupés menu.

Faites cuire pendant 5 minutes en prenant soin que la préparation reste blanche.

Versez le lait dans une casserole, ajoutez la mie de pain émiettée, les poireaux et les oignons.

Laissez mijoter à feu doux pendant 20 minutes. Salez modérément.

Si la préparation est trop liquide, égouttez-la dans une passoire.

Écrasez l'appareil au moulin à légumes de façon à obtenir une purée.

Faites revenir la poitrine salée découpée en tranches.

Présentez la purée avec les tranches de poitrine.

Servez chaud. ∎

LA PORÉE

Le terme *porée* vient du mot *poireau, porrum* en latin, et désigne une purée de légumes, même s'il ne s'agit pas de poireaux. Plat populaire, la porée se décline sous toutes les couleurs : blanche, verte et noire. La porée blanche est une purée de blancs de poireaux, la verte une purée de blettes ou d'épinards, la noire est faite avec les feuilles de plusieurs légumes revenues dans de la graisse. ∎

JOURS GRAS, JOURS MAIGRES

La porée de jours gras se fait avec du lait de vache, celle de jours maigres est réalisée avec du lait d'amande. La religion régit la vie de l'homme médiéval. Le nombre de jours maigres où la consommation de viande, de lait et même d'œufs est interdite peut aller jusqu'à 170 jours par an. Les manuels culinaires font une distinction entre les recettes pour jours gras et celles pour jours maigres. ∎

PORÉE BLANCHE

HYPOCRAS
Vin aux épices

Préparation : **10 min.**
Cuisson : **1 heure**

Ingrédients

2 litres de vin rouge

150 g de sucre

1 cuillerée à soupe de cannelle moulue

5 tranches fines de gingembre

1 cuillerée à soupe de graines de paradis

1/2 cuillerée à soupe de noix de muscade râpée

1 pincée de garingal

Vin emblématique du Moyen Âge, l'hypocras est aussi bien servi en apéritif qu'en dessert. Il témoigne du goût de l'homme médiéval pour les épices.

"Prenez demye once (15 g) *largement et sur le plus de ceste pouldre et deux quarterons de succre et les meslez ensemble, et une quarte de vin à la mesure de Paris."*
[Mesnagier de Paris]

"Prenez 15 g de poudre d'épices et 125 g environ de sucre. Mélangez dans 2 litres de vin."

Préparation

Broyez toutes les épices.

Mélangez-les au vin avec le sucre.
Laissez reposer.

Passez au chinois plusieurs fois.

Laissez infuser pendant au moins 8 jours avant de consommer le vin avec modération.

LA CANNELLE

La cannelle est l'épice phare du Moyen Âge, appréciée pour son parfum, sa saveur et sa couleur. C'est l'écorce du cannelier, qui se présente sous forme de tuyaux quand on l'arrache soigneusement. L'homme médiéval associe cette épice à un oiseau fabuleux : le phénix. Doté d'une longévité extrême, cinq cents ans environ, l'oiseau sentant sa mort approcher, construit un nid d'herbes odorantes, y dispose des tuyaux de cannelle et attend patiemment le moment fatidique en s'exposant aux rayons du soleil. Trois jours plus tard, la cannelle s'enflamme et l'oiseau est consumé par la chaleur. Mais un miracle se produit : le phénix renaît de ses cendres et recommence une nouvelle vie.

VI | LA CUISINE AU XVE SIÈCLE

La cuisine médiévale marquée par l'héritage capétien du siècle précédent a été définitivement fixée par *Taillevent*. Les mets emblématiques du Moyen Âge restent les mêmes. Toutefois le XVᵉ siècle s'enorgueillit d'un cuisinier de talent qui fera évoluer le style des ouvrages culinaires.

Les recettes sont développées, les tours de main précisés, les détails sont méticuleusement notés. Mais Maître Chiquart propose aussi des innovations, des inventions qui font appel à l'imaginaire. L'ouvrage témoigne d'une grande érudition et d'une verve qui ravit le lecteur.

Taillevent, Maître Chiquart, sont les premiers grands cuisiniers de notre gastronomie française, dont nous sommes si fiers et à juste raison. Les cuisiniers des siècles suivants vont sortir de l'anonymat et leur nom sera synonyme d'excellence. La liste est longue de tous ceux qui vont contribuer à la réputation de notre cuisine. La volonté de sauvegarder les valeurs de la tradition participe au devoir de mémoire et permet ainsi à chaque cuisinier, à chaque amateur et amoureux de la cuisine d'avancer, de la faire évoluer. On ne progresse qu'en connaissant le passé. ▮

(photo de fond : Frédéric Coune, Médiévales de Loches.)

POULET BARBE-ROBERT

Poulet sauce Barbe-Robert

La sauce barbe Robert est une sauce à la moutarde et aux épices dans laquelle sont revenus des morceaux de poulet. La recette a évolué. On la retrouve au XVIIᵉ siècle dans l'ouvrage de Nicolas de Bonnefons *Le Jardinier français*. Nicolas de Bonnefons avait la charge de « maître d'hôtel » c'est-à-dire de cuisinier du roi louis XIV.

La farine est ajoutée pour donner de la consistance à la sauce qui serait trop liquide.

*"Et premiere pour faire **une barbe Robert**. Prenez un poy de belle eaue et le mettez boullir avoec du bure et puis y mettes du vin, de la moustarde et du vergus et des espices, teles et si fortes que vous y avez vostre goust et laissiez tout bien bouillir ensamble ; puis prenez vostre poulet par pieces et le mettez dedans et laissiez boullir une onde seullement ; puis si le rostez et gardez qu'il y ait brouet par raison ; et qui soit un poy couleur de saffren."* [*Le Vivendier*]

"Premièrement pour faire une barbe Robert. Prenez un peu de belle eau. Faites-la bouillir avec du beurre. Mettez-y du vin, de la moutarde, du verjus et des épices, telles en variété et en quantité que vous y prenez goût. Laissez le tout bien bouillir ensemble. Puis prenez votre poulet en morceaux. *Mettez-le dedans. Portez-le simplement à ébullition. Puis, rôtissez-le. Soyez attentif qu'il y ait du brouet en quantité suffisante. Et qu'il soit un peu de la couleur du safran."*

Préparation

Faites chauffer le beurre à feu doux dans une casserole.

Ajoutez le vin, la moutarde, le gingembre. Salez, poivrez.

Délayez la farine dans le bouillon froid.

Versez dans la casserole en remuant.

Laissez mijoter 15 minutes en remuant de temps en temps.

Faites rôtir les morceaux de poulet.

Ajoutez-les dans la sauce quelques minutes en surveillant.

Mettez le safran au dernier moment ainsi que le filet de vinaigre. Mélangez délicatement.

Vous pouvez ajouter de la moutarde selon vos goûts. ▮

Préparation : 15 min.
Cuisson : 15 min. (sauce)

Ingrédients

4 blancs de poulet
Sel

Sauce

2 cuillerées à soupe de beurre
5 cl de vin
2 cuillerées à soupe de moutarde
1 pincée de gingembre
25 cl de bouillon de poulet
6 cuillerées à soupe de farine
Quelques filaments de safran
1 filet de vinaigre
Sel, poivre

LA MOUTARDE

La moutarde est très appréciée au Moyen Âge car elle permet de relever le goût des mets. Le mot vient de *mustum ardent* « le moût ardent », le moût qui brûle. Ce condiment est fait à partir de graines de sénevé broyées avec du vinaigre ou du moût de vin.

Dans les villes, les enfants munis de pots vont acheter la moutarde chez les marchands de sauces qui la confectionnent. Dans les campagnes, elle est réalisée à la maison. Très vite, la moutarde est estimée des princes, particulièrement des ducs de Bourgogne et la ville de Dijon s'enorgueillit de la fabriquer. Au XIVᵉ siècle en Avignon, la charge de **Grand Moutardier du Pape** est créée à côté de celle de **Vinaigrier**. ▮

POULET BARBE-ROBERT

36

Le Vivendier

(1420-1440)

Le Vivendier, texte culinaire s'inspirant du *Viandier*, paru au XVe siècle, ne sera édité qu'en 1997 par Térence Scully, dans le Devon, aux États-Unis. Le titre *Vivendier* signifie *celui qui procure de la nourriture*, *viandier* ayant le sens de *nourriture*.

Le manuscrit écrit par un anonyme propose soixante-six recettes destinées à un usage privé. Il aurait été rédigé dans les Flandres. Un grand nombre de recettes reprennent celles des ouvrages des siècles antérieurs mais quelques-unes sont inédites comme la sauce Barbe Robert.

TORTE LOMBARDE

Omelette lombarde

I l ne s'agit pas d'une tarte mais d'une omelette au fromage très moelleuse. L'appellation fait référence à la Lombardie, les cuisiniers de la fin du Moyen Âge étant influencés par la cuisine italienne.

Cette omelette rappelle celles qui sont proposées dans le *Registrum Coquine* écrit vers 1430 par Jean Bockenheim, un allemand féru de cuisine italienne au service du pape.

"Prenez œs fres, fin fromage fondant, gratté ou hachié menu ou par dez quarez, cresme doulce et vin, canelle et chucquere ; batez tout ensemble puis ayez bure fres, fondu chault, mettez dedens, en retournant dilligemment qu'il narde." [Le Vivendier]

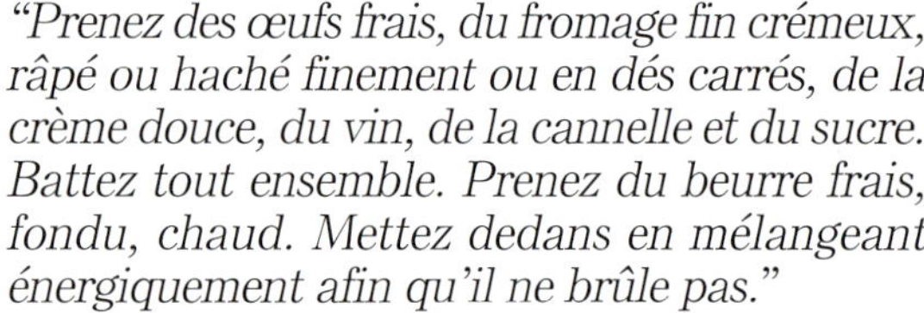

Préparation : 20 min.
Cuisson : 6 à 8 min.

Ingrédients

4 œufs
200 g de brie
10 cl de crème fraîche épaisse
5 cl de vin blanc
1 pincée de sucre
1 pincée de cannelle
Beurre
Sel, poivre

"Prenez des œufs frais, du fromage fin crémeux, râpé ou haché finement ou en dés carrés, de la crème douce, du vin, de la cannelle et du sucre. Battez tout ensemble. Prenez du beurre frais, fondu, chaud. Mettez dedans en mélangeant énergiquement afin qu'il ne brûle pas."

Préparation

Battez les œufs dans un saladier.

Faites fondre le fromage dans un bain-marie. Ajoutez-le aux œufs.

Ajoutez la crème fraîche, le vin, la pincée de sucre et de cannelle.

Salez modérément, poivrez. Battez l'appareil.

Faites fondre du beurre dans une poêle. Versez-y l'appareil.

Faites cuire sur une face et retournez pour que l'autre face dore.

LES FROMAGES

La plupart de nos fromages actuels sont connus au Moyen Âge : le brie, le roquefort, le parmesan, le chaource, le saint-marcellin, le comté… Le brie est exporté en Angleterre, les cuisiniers de l'ouvrage emblématique du pays, *The Form of Cury*, proposent une tarte de brie. Le roquefort est le fromage préféré de Charlemagne qui se le fait livrer régulièrement depuis le Rouergue jusqu'à sa résidence d'Aix-la-Chapelle. Le parmesan, quoique d'origine italienne, est apprécié dans toute l'Europe, il est cité par Boccace dans le *Decameron*. L'auteur raconte qu'il existe en Italie une grande montagne faite de parmesan sur laquelle des hommes s'affairent en confectionnant des raviolis.

Le fromage est consommé autant par les riches que par les pauvres, étant considéré comme un aliment nécessaire à la santé.

TORTE LOMBARDE

37

RISSOLES
Rissoles à la viande

Ces rissoles constituent à elles seules un plat complet que vous pouvez accompagner avec de la salade.

"La quantité de porc fres et despiece par belles pièces belles et nectes et mecte cuire ; et du sel dedans [...] et puis hascbe tresbien minus. Et faictes que vous haiés de figues, prunes, datctes, pignions et raisins confitz. Et puis taillés les figues et prunes et dactes tout par minuz dez. Et puis faictes que vous haiés du meilleur fromaige que fayre se pourra, du bon vin blanc [...] et puis prennés du percy et le lavés tresbien et le haschiés tresbien parmi vostre fromuige [...] et puis cela mesleés tresbien parmi vostre farce, et des oefs aussi. Et prennés vostres espices : gingibre blanc, granne et non pas trop du saffran, et du succre grant foyson. Et puis delivrés vostre farce a vostre pâtissier [...]" [Fait de cuisine]

"Prenez une belle pièce de porc frais découpée en beaux morceaux et mettez à cuire avec du sel [...] Lorsque la chair est cuite, hachez-la finement. Ayez des figues, des prunes, des dattes, des pignons et des raisins confits. Et puis taillez les figues, les prunes, les dattes en dés. Ayez du meilleur fromage que vous pourrez, du bon vin blanc [...], prenez du percil que vous avez bien effeuillé, hachez le tout avec le fromage [...], mélangez à la farce avec des œufs et avec beaucoup de sucre. Ajoutez du gingembre, de la graine de paradis, pas trop de safran et du sucre en grande quantité. Et portez votre farce chez le pâtissier."

Préparation

Préparez la pâte à rissoles.

Mélangez dans un récipient l'eau, l'huile le safran et le sel.

Ajoutez peu à peu la farine en l'incorporant à l'aide d'une cuillère en bois.

Travaillez-la ensuite à la main jusqu'à ce qu'elle devienne souple.

Ajoutez un peu de farine, si nécessaire.

Couvrez avec un linge et laissez reposer pendant 30 minutes.

Sur une plaque farinée, abaissez la pâte et faites des cercles de 10 cm de diamètre.

Faites cuire le porc dans une casserole avec un peu d'huile pendant 10 minutes.

Laissez refroidir.

Coupez les fruits en petits morceaux.

Faites-les macérer dans un saladier contenant le vin blanc.

Ajoutez le sucre et les épices aux fruits qui ont macéré au moins 15 minutes.

Remuez et versez cet appareil dans une casserole.

Faites mijoter jusqu'à ce que les fruits deviennent tendres.

Faites ramollir le brie au bain-marie.

Ajoutez le persil haché.

Versez dans la casserole contenant les fruits.

Faites chauffer sans ébullition en remuant constamment. Ôtez du feu.

Mélangez cet appareil au porc haché auquel vous avez ajouté les pignons.

Ajoutez un œuf battu pour faire le liant.

Faites avec les mains un appareil consistant.

Remplissez chaque disque de rissole avec la farce.

Mettez au-dessus un autre disque, soudez les deux bords avec les doigts humides.

Passez chaque rissole dans le jaune d'œuf battu.

Passez au four pendant 30 minutes à 180°.

Tournez et retournez.

Servez chaud.

Préparation : 30 min.
Cuisson : 10 min. (porc)
+ 30 min. (rissoles)
Temps de repos : 30 min.

Ingrédients

Sauce
25 cl d'eau tiède
4 cuillerées à soupe d'huile
1 pincée de sel
1 pincée de safran
250 g de farine

Farce
300 g de porc haché
4 figues sèches
6 pruneaux
4 dattes
1 petite poignée de raisins secs
4 cuillerées à café de sucre
1 cuillerée à café de gingembre
Quelques filaments de safran
Quelques pignons de pin
50 g de brie
1 cuillerée à soupe de vin blanc
1 œuf
1 jaune d'œuf (dorure)
Huile, persil

EMPLUMEUS DE POMES

Compote de pommes aux amandes

L'emplumeus de pomes est un mets destiné aux personnes affaiblies ou malades. Il s'agit d'une compote de pommes qui mérite d'être essayée aujourd'hui car le lait d'amande utilisé lui confère un goût délicat. De plus, ce plat est diététique et fait ainsi un excellent dessert.

"Prennés de bonnes pomes barberines [...] les taillés en beaulx platz d'or ou d'argent ; e mecte boullir [...] lait amande le remecte boullir si hache bien menut ses dictes pomes a ung petit et nect coutel et puis, estre hachiés, si les mecte dedans son lait, et y mecte du succre grant foison selon ce que il y a desditz emplumeus de pomes ; et puis, quant le medicin le demandera, si le mectés en belles escuelles ou casses d'or ou d'argen."

> **Préparation : 10 min.**
> **Cuisson : 15 min.**
>
> **Ingrédients**
>
> 4 pommes
> 25 cl de lait d'amande
> 4 cuillerées à soupe de sucre
> Amandes effilées

"Prenez de bonnes pommes [...] pelez-les bien, coupez-les et mettez-les dans de beaux plats d'or ou d'argent et mettez-y les pommes à bouillir [...] Ayez du lait d'amande, et pendant qu'il sera en train de bouillir, hachez menu les pommes avec un petit couteau propre et puis, une fois hachées, mettez-les dans votre lait d'amande, ajoutez-y du sucre en grande quantité, selon la quantité de compote de pommes. Lorsque le médecin le demandera, servez-la dans de belles écuelles ou plat d'or ou d'argent."

Préparation

Épluchez les pommes et coupez-les en morceaux.

Préparez le lait d'amande ou achetez-le tout préparé.

Mettez ce lait dans une casserole avec les pommes, ajoutez le sucre.

Laissez sur le feu de 10 à 15 minutes en remuant constamment.

Mixez de façon à obtenir une purée homogène.

Présentez la compote décorée d'amandes effilées grillées. ▪

Du fait de cuisine de Maître Chiquart (1420)

C'est à la demande du duc de Savoie, Amédée VIII, que Maître Chiquart rédige l'ouvrage intitulé *Du fait de cuisine* en 1420. Le but du commanditaire et de l'auteur est de montrer la richesse et la puissance du duché face à la France et à l'Europe.

Le livre compte 78 recettes proposées dans des menus pour jours gras et jours maigres, selon la dichotomie chère au Moyen Âge. De façon à transmettre son art, son savoir et son savoir-faire, Maître Chiquart rédige son livre comme s'il écrivait une pièce de théâtre dans laquelle le décor est planté et où chacun des acteurs, dans le cas présent les personnes affectées au service de la cuisine, a un rôle particulier à jouer.

Les recettes sont somptueuses, les mets sont dorés à la feuille d'or, la vaisselle utilisée est d'or, d'argent, avec des pièces d'orfèvrerie. ▪

(photo Pixabay, *Creative Commons.*)

INDEX DES RECETTES

Achevé d'imprimer sur les presses de l'Imprimerie de Champagne (Langres) en mars 2018
pour le compte des Editions Heimdal à Damigny (Normandie, France).